Hans Lobentanzer
Jeder sein eigener Englischlehrer

Hans Lobentanzer

Jeder sein eigener Englischlehrer

Fehlerfrei in
Grammatik und Wortschatz
Übungen und Lösungen

3., verbesserte Auflage

Ehrenwirth

Die Deutsche Bibliothek - CIP-Einheitsaufnahme

Lobentanzer, Hans:
Jeder sein eigener Englischlehrer : fehlerfrei in Grammatik und Wortschatz ; Übungen und Lösungen / Hans Lobentanzer. - 3. Aufl. - München : Ehrenwirth, 1993
ISBN 3-431-03228-1

ISBN 3-431-03228-1

Satz: Fotosatz-Service Weihrauch, Würzburg
Druck: Interdruck, Leipzig
Printed in Germany 1993

Inhalt

Vorwort

Nach dem überraschend großen und anhaltenden Erfolg des Buches »Jeder sein eigener Deutschlehrer« schien es angebracht, eine Art englisches Parallelwerk zu schaffen. Die englische Grammatik ist leider nicht so einfach, wie man sie sich oft vorstellt oder wie man sie haben möchte. Nach der Erfahrung des Verfassers werden noch im Abitur primitive Fehler aller Art gemacht.
So versteht sich dieses Buch als eine Hilfe zur Fehlervermeidung in Grammatik und Wortschatz. Zu verwenden ist es frühestens nach dem zweiten Jahr Englisch. Eine Menge Vorwissen wird vorausgesetzt. Dieses Paukbuch will eine Wiederholungsgrammatik und ein Refresher Course, auch für den Wortschatz, sein. Das wollen die 2000 Sätze leisten, die in systematisch aufgebauten Kapiteln die jeweiligen Phänomene behandeln.
Natürlich lassen sich auf den wenigen Seiten nicht alle Fehler bis zur letzten gründlichen Vernichtung vorführen. Es sollten nur die am häufigsten sprudelnden Fehlerquellen verstopft werden. Wer diese Fehler vermeidet, wird mindestens eine befriedigende Leistung erzielen können. Manches wird einige Male wiederholt, kehrt unter verschiedenen Überschriften wieder und soll so fest eingetrichtert werden: practice makes perfect.
Selbstverständlich soll auch der Wortschatz gefestigt und behutsam erweitert werden. Öfter im Sprachgebrauch übliche Wendungen (Idioms) sind zwischengestreut. Alte Weisheit: Eine Sprache besteht aus Wörtern; diese bekommen ihren Sinn erst im Zusammenhang mit anderen Wörtern, also in Sätzen. Darum sind Grammatik und Wörterlernen in Sätze verpackt worden. Einige Wörter und Ausdrücke wiederholen sich in verändertem Bedeutungsverband. Wert wird gelegt auf modernen Gebrauch.
Zur Anordnung auf den einzelnen Seiten: Je nach Logik des betreffenden Gegenstandes erschien es als didaktisch fruchtbar, in der Anordnung abzuwechseln. Meist kommen nach der Überschrift einige spezielle Hinweise, dann die Sätze und am Schluß die Übersetzung ins Englische. Bisweilen ist die Reihenfolge geändert. Jeder Benutzer kann sich selbst eine Weise des Vorgehens wählen. Das Normale wird sein, die englischen Sätze im Abschnitt *Lösungen* zunächst zuzudecken. Aber auch jede andere Art kann zum Ziele führen.
Bleibt mir noch, herzlichst einer kenntnisreichen und liebenswürdigen Kollegin zu danken, die das Manuskript gründlich durchgesehen (und auch, wenn nötig, korrigiert) hat; die Tochter eines Freundes und Kollegen, Anja Braun, hat kleinere Beiträge geliefert.

München, im Herbst 1991 *Hans Lobentanzer*

1. Aussagen im Präsens/Statements in simple present

1. Mein Vater arbeitet immer an Sonntagen.
2. Wir gehen gewöhnlich am Freitag zum Friseur.
3. Dieses schöne Haus gehört meinem Vater.
4. Frau Miller arbeitet gerne in ihrem Garten.
5. Ein guter Schüler macht jeden Tag seine Hausaufgaben.
6. Onkel Jack spielt nie Fußball.
7. Ihr seid heute sehr laut; ihr könnt auch still sein.
8. In unserer Stadt gibt es einen großartigen Tiergarten.
9. Meine Eltern essen gewöhnlich um 1 Uhr zu Mittag.
10. In dieser Klasse gibt es 13 Mädchen und 14 Jungen.
11. Wir sind in den Ferien oft in den Bergen.
12. Jeder Schüler hat zwei Englischhefte.
13. Der Gepäckträger trägt den Koffer in das Zimmer.
14. Das Mädchen steht regelmäßig um 6 Uhr auf.
15. Der kleine Junge spielt sehr oft im Keller Klavier.
16. Seid ruhig! Ich will arbeiten.
17. Wenn der Direktor hereinkommt, stehen die Schüler auf.
18. Der Hund sitzt jeden Abend auf dem Sofa.
19. Alle Blumen in eurem Garten sind schön.
20. Ein Politiker muß jeden Morgen die Zeitung lesen.
21. Mein Freund darf gewöhnlich mit dem Fahrrad in die Schule fahren.
22. Ein guter Schüler kann alle diese Sätze übersetzen.
23. Jeden Abend um 6 Uhr schaltet meine Schwester den Fernseher ein.
24. Das ist der Junge, der zu spät in die Schule eilt.
25. Wer viel lernt, bekommt oft gute Noten.

Signalwörter für Simple Present Tense (Gegensatz: Continuous):
Always, never, usually, every day, often, sometimes, regularly . . .

Beachte: 3. Person Sing. (Mann, Frau, Haus – he, she, it) bekommt Endungs-s; unverändert bleiben can, may, must.

Lösung: 1. My father always works on Sundays. 2. We usually go to the hairdresser's on Friday. 3. This nice house belongs to my father. 4. Mrs Miller likes to work in her garden. 5. A good pupil does his homework every day. 6. Uncle Jack never plays football. 7. Today you are very loud; you can also be quiet. 8. In our town there is a magnificent zoo. 9. My parents usually have lunch at one o'clock. 10. In this class there are* 13 girls and 14 boys. 11. In the holidays (vacations) we are often in the mountains. 12. Each pupil has two English exercise-books. 13. The porter carries the suitcase into the room. 14. The girl regularly gets up at six o'clock. 15. Very often the little boy plays the piano in the cellar. 16. Be quiet! I want to work. 17. When the headmaster comes in, the pupils stand up. 18. The dog sits on the sofa every evening. 19. All the flowers in your garden are nice. 20. A politician must read the newspaper every morning. 21. My friend may usually cycle to school. 22. A good pupil can translate all these sentences. 23. Every evening at six o'clock my sister switches on the TV. 24. That's the boy who hurries to school too late. 25. He who learns a lot, often gets good marks.

* *Es gibt* ist im Englischen nicht wörtlich zu übersetzen. Einzahl: there is; Mehrzahl: there are.

2. Substantive: besondere Formen/Special forms of nouns

1. Kartoffeln sind eine sehr gute Nahrung für alte und junge Leute.
2. Mein Vater reist in viele Städte Deutschlands.
3. Du kannst mir einen Rat geben, wie dies zu machen ist.
4. Reiche Herren fliegen mit ihren Frauen in die ganze Welt.
5. Ihr könnt alle diese Waren hier kaufen.
6. Die Hüte der meisten Frauen sind teuer.
7. Zuerst möchte ich meinen Lehrern Dank abstatten.
8. Mein Freund, deine Kenntnisse der englischen Sprache sind schlecht.
9. Die Farbe dieser Türe gefällt mir.
10. Großmutter bekommt künstliche (artificial) Zähne.
11. Keine Nachricht ist eine gute Nachricht.
12. Bevor meine Tante nach England fährt, braucht sie viele Informationen.
13. Dieses Mal sind die Hausaufgaben sehr schwer.
14. Dies ist ein wunderbares Möbelstück.
15. In unserem Garten sind die Büsche sehr hoch.
16. Die Polizei findet einen Weg durch die Menge.
17. Fred muß beim Doktor lange warten.
18. Wenn die Leute so etwas sehen, schütteln sie den Kopf.
19. Jeden Tag geht Vater zu den Browns.
20. Die Fahrräder der Kinder sind neu.
21. Frau Millers Garten ist am Rand (edge) des Dorfes gelegen.
22. Die Autos der Bauern sind ziemlich alt.
23. Die Farbe dieses Hauses ist nicht mehr schön.
24. Der Besitzer des Schlosses ist sehr reich.
25. An Feiertagen ist unsere Kleidung besser.

Regelmäßiger Plural: churches, photos; **Änderungen:** ladies, stories, leaves, wives; **unregelmäßiger Plural:** children, feet, men, women; **Verb im Singular bei:** advice, furniture, homework, information, knowledge, news; **Verb im Plural bei:** clothes, goods, people, police, shorts, thanks; **Singular oder Plural des Verbs bei:** class, family, government; **s-Gen itiv:** the student's book, the students' flats.

Lösung: 1. Potatoes are very good food for old and young people. 2. My father travels to many cities of Germany. 3. You can give me a piece of advice on how to do that. 4. Rich gentlemen fly all over the world with their wives. 5. You can buy all these goods here. 6. Most women's hats are expensive. 7. First I'd like to say thanks to my teachers. 8. My friend, your knowledge of the English language is poor. 9. I like the colour of this door. 10. Granny gets artificial teeth. 11. No news is good news. 12. Before my aunt goes to England, she needs a lot of information. 13. This time, the homework is very difficult. 14. This is a wonderful piece of furniture. 15. In our garden the bushes are very high. 16. The police find a way through the crowd. 17. Fred must wait at the doctor's quite a while. 18. When people see a thing like that, they shake their (!) heads (!). 19. Every day Father goes to the Browns'. 20. The children's bikes are new. 21. Mrs Miller's garden is situated on the edge of the village. 22. The farmers' cars are rather old. 23. The colour of this house is no longer nice. 24. The owner of the castle is very rich. 25. On holidays our clothes are better.

3. Fragen und Verneinungen im Präsens/ Questions and negative statements in simple present

1. Wo arbeitet ihr in den Ferien?
2. Warum kannst du nicht rechtzeitig kommen?
3. Ist deine Freundin reich oder arm?
4. Wann gehst du jeden Tag in die Schule?
5. Darf ich jetzt schon heimgehen?
6. Sind diese Bücher sehr teuer?
7. Meine Schwester schreibt nicht gerne Briefe.
8. Machst du jeden Tag deine Hausaufgaben?
9. Wer liegt immer auf dem Sofa (der Hund oder die Katze)?
10. Was tut ihr jeden Tag am Nachmittag?
11. In diesem Zimmer gibt es nicht viele Fenster.
12. Gibt es hier auch einen Tisch?
13. Was passiert meistens auf den Straßen um 5 Uhr nachmittag?
14. Wie viele Schüler dieser Schule fahren jedes Jahr nach England?
15. Wen siehst du oft, wenn du aus dem Fenster schaust?
16. Welches Mädchen hilft dir, wenn du nichts weißt?
17. Welches Mädchen liebst du, weil es so hübsch ist?
18. Wie viele Leute benützen regelmäßig die Eisenbahn?
19. Wie viele Pfund bekommt ein Reisender für 10 DM?
20. Wessen Koffer steht normalerweise auf dem Schrank?
21. Männer sprechen meistens nicht soviel wie Frauen.
22. Diese Hose kaufe ich nicht, weil sie zu teuer ist.
23. Der Zug Nr. 6325 hält in kleinen Städten nicht.
24. Sei nicht dumm! Zahle diese Summe nicht! Tu das nicht!
25. Was bedeutet dieses Wort?

Beachte: Bei Vollverben (take, go . . .) Umschreibung mit do, does! (Hilfsgedanke: Tust du/tut er arbeiten . . .) Das s der 3. Pers. Sing. ist bei does; das Vollverb bekommt kein s. – Die Formen I am, you are, he is . . . werden nicht umschrieben. Auch have/has in der Bedeutung haben und must, can, may werden nicht umschrieben. Ferner keine Umschreibung bei Subjektfragen (Fragewort ist Subjekt oder Teil des Subjekts)!

Lösung: 1. Where do you work in the holidays (vacations)? 2. Why can't you be in time? 3. Is your girlfriend rich or poor? 4. When do you go to school every day? 5. May I already go home now? 6. Are these books very expensive? 7. My sister doesn't like to write letters. 8. Do you do your homework every day? 9. Who always lies on the sofa (the dog or the cat)? 10. What do you do in the afternoon every day? 11. In this room there are not many windows. 12. Is there also a table here? 13. What happens mostly in the streets at 5 p.m.? 14. How many pupils of this school go to England every year? 15. Who do you often see when you look out of the window? 16. Which girl helps you when you know nothing/when you don't know anything? 17. Which girl do you love because she is so pretty? 18. How many people use the railway regularly? 19. How many pounds does a traveller get for 10 marks? 20. Whose suitcase normally stands on the cupboard? 21. Men mostly don't talk as much as women. 22. I don't buy trousers like these because they are too expensive. 23. Train number 6325 doesn't stop at small towns. 24. Don't be stupid! Don't pay this sum! Don't do that! 25. What does this word mean? (What means . . . ist falsch!)

4. Alle Zeiten aktiv – regelmäßige Verben/All simple tenses active voice – regular verbs (Übersetze genau die Zeit, die dasteht!)

1. Mein Freund besucht viele Länder in der Alten und Neuen Welt.
2. Die Frau sagte: »Können Sie mir den Weg zum Bahnhof zeigen?«
3. Der Student hat immer versucht, eine Menge Bücher zu bekommen.
4. Nachdem wir gearbeitet hatten, wollten wir einen Spaziergang machen.
5. Werden wir die Koffer noch heute packen?
6. Wann werdet ihr eure Arbeit beenden?
7. Würdest du bitte dieses Päckchen zur Post tragen?
8. Ich hätte das Haus angestrichen, aber ich hatte keine Zeit.
9. Wir eilten zum Bahnhof und warteten auf den Zug.
10. Habe ich meine Meinung gut ausgedrückt?
11. Meine Schwester würde mich gerne besuchen, aber sie weiß nicht, wann.
12. Er hätte angehalten, aber da war eine Kurve.
13. Der Gefangene war entwischt, weil das Fenster offen war.
14. Morgen um diese Zeit werde ich in London angekommen sein.
15. Welche Zeitung hat diesen dummen Artikel gedruckt?
16. Wir sind heute zu Fuß in die Stadt gegangen.
17. Alle Leute stimmten überein, daß dieses Haus schön ist.
18. Hattest du geplant, den Urlaub in Italien zu verbringen?
19. In zwei Wochen werde ich durch ganz Spanien gereist sein.
20. Würden Sie bitte diese Filme entwickeln?
21. Ich wäre gerne länger in Frankreich geblieben, aber ich hatte nicht genug Geld.
22. Wer hat den Roman ins Deutsche übersetzt?
23. Der Junge schob das Fahrrad bis nach Hause.

Das Englische hat 8 Zeiten: Present, Past, Present Perfect, Past Perfect, Future I, Future II, Conditional I, Conditional II. – Pres. Perf., Past Perf., Fut. II und Cond. II werden mit have/has/had gebildet.

Beachte: I'm going to buy a car (Absicht).
I'll buy a car (Feststellung). Der Unterschied ist fließend.

Lösung: 1. My friend visits a lot of countries in the old and the new world. 2. The woman asked: "Can you show me the way to the station?" 3. The student has always tried to get a lot of books. 4. After we had worked we wanted to go for a walk. 5. Will we pack the suitcases today? 6. When are you going to finish your work? 7. Would you please carry this parcel to the post-office? 8. I would have painted the house, but I had no time. 9. We hurried to the station and waited for the train. 10. Have I expressed my opinion well? 11. My sister would like to visit me, but she doesn't know when. 12. He'd have stopped, but there was a bend. 13. The prisoner had escaped because the window had been open. 14. Tomorrow at this time I'll have arrived in London. 15. What newspaper has printed this silly article? 16. We have walked into the town today. 17. All people agreed that this house is nice. 18. Had you planned to spend the holidays in Italy? 19. In two weeks I'll have travelled through the whole of Spain. 20. Would you please develop these films? 21. I'd have liked to stay in France longer, but I hadn't enough money. 22. Who has translated the novel into German? 23. The boy pushed the bike all the way home.

5. Alle Zeiten aktiv - unregelmäßige Verben/All simple tenses active voice - irregular verbs **(Zeiten übersetzen, wie sie dastehen!)**

1. Neulich bekam ich ein gutes Bier in einem Biergarten.
2. Nachdem wir das Haus gebaut hatten, verbrachten wir den Urlaub im Garten.
3. Aus dieser Sache wird nichts Gutes werden.
4. Vater hat den Wagen billig gekauft.
5. Der Zug fuhr pünktlich ab.
6. Wir gingen gewöhnlich am Freitag zum Friseur.
7. Bist du nie in einem Theater gewesen?
8. Stelle dir vor, du würdest den Räuber finden!
9. Wir fanden ihn aber nicht, weil sein Auto zu schnell war.
10. In 5 Monaten werden wir einen neuen Präsidenten gewählt haben.
11. Ich glaube, ich habe mir den Arm gebrochen.
12. Als der amerikanische Student zu uns gekommen war, wollte er etwas essen.
13. Nachdem meine Mutter den Hund gefüttert hatte, bekamen wir eine Brotschnitte.
14. Wer ist über den Zaun gefallen?
15. Weil ich alles gewußt hatte, fühlte ich mich prima.
16. Ich bin schon lange nicht mehr geflogen.
17. Als wir die Stadt gesehen hatten, gingen wir in ein Restaurant.
18. Ich dachte, du würdest dein Versprechen halten.
19. Als du in Amerika warst, bekamst du einen schönen Mantel.
20. Alle diese Blumen sind in unserem Garten gewachsen.
21. Der Hund versteckte sich hinter dem Haus.
22. Daß du mir nicht halfst, verletzte mich sehr.
23. Der Herr führte uns gut durch die ganze Stadt.
24. Das Klavier hat 3000 DM gekostet.
25. Weil ich mir in den Finger geschnitten hatte, ging ich zum Arzt.
26. Ein gutes Bier wäre jetzt recht.
27. Wer schlief letzte Woche auf dem Sofa?
28. Leg dich jetzt auf das Sofa!

Lösung: 1. The other day I got a good beer in a beergarden. 2. After we had built the house we spent the holidays in the garden. 3. Nothing good will become of this thing. 4. Father has bought the car cheap. 5. The train left punctually. 6. Usually we went to the hairdresser's on Fridays. 7. Have you never been in a theatre? 8. Imagine you would find the robber! 9. But we did not find him, because his car was too fast. 10. In 5 months we'll have elected a new president. 11. I think I've broken my arm. 12. When the American student had come to us he wanted to eat something. 13. After my mother had fed the dog, we got a slice of bread. 14. Who has fallen over the fence? 15. Because I'd known everything, I felt great. 16. I've not flown for a long time. 17. When we had seen the town, we went into a restaurant. 18. I thought you would keep your promise. 19. When you were in America, you got a nice coat. 20. All these flowers have grown in our garden. 21. The dog hid behind the house. 22. That you did not help me hurt me very much. 23. The gentleman led us well through the whole town. 24. The piano has cost 3000 marks. 25. Because I'd cut my finger I went to the doctor's. 26. A good beer would be a treat now. 27. Who slept on the sofa last week? 28. Lie down on the sofa now!

Alle Zeiten aktiv - unregelmäßige Verben/All simple tenses active voice - irregular verbs (Zeiten übersetzen, wie sie dastehen!)

29. Wer hat das Spiel gewonnen?
30. Nachdem ich den Brief geschrieben hatte, trug ich ihn zum Briefkasten.
31. Ich wäre froh, ich hätte die Sachen nicht weggeworfen.
32. Herr Brown unterrichtete vor 5 Jahren deutsche Studenten in Englisch.
33. Ich werde dieses Hemd nicht tragen; es ist mir zu heiß.
34. In einer Stunde werden wir in See gestochen sein (put to sea).
35. Der Hund legte sich vor seiner Hütte nieder.
36. Dort ist er drei Stunden lang gelegen, bis er aufstand.
37. Nachdem der Polizist den Räuber gesehen hatte, lief er ihm nach.
38. Bitte verkaufen Sie dieses Bild für mich!
39. Wir setzten uns auf die Couch, und jeder nahm ein Glas Wein.
40. Du hast die Decke nicht gut über das Bett gelegt.
41. Gestern sprachen wir lange über die Schwierigkeiten in Italien.
42. Unglücklicherweise ist alles teurer geworden; die Preise sind gestiegen.
43. Meine Frau verlor vor einiger Zeit ihre Geldbörse.
44. Hast du die Flasche geschüttelt? Sonst schmeckt die Limonade nicht.
45. Ich denke, ich habe einen Fehler gemacht.
46. Da ich gut geschlafen hatte, stand ich sehr früh auf.
47. Alle Schüler standen auf, als der Lehrer in das Zimmer kam.
48. Ich sagte dir neulich schon, daß du dich schlecht benahmst.
49. Wir wissen nicht mehr, wer uns die Hand geschüttelt hat.
50. Es war gut, daß wir die Fenster geschlossen hatten, als der Regen begann.
51. Mein Vater, der vor 3 Jahren starb, las jeden Tag die Zeitung.
52. Es gab sehr viel Lärm; sonst hätte er mich verstanden.
53. Schau hin! Dort geht ein Elefant.
54. Wo hast du deinen Koffer gelassen?

Lösung: 29. Who has won the game? 30. After I had written the letter I took it to the letter-box. 31. I'd be glad if I hadn't thrown away the things. 32. Mr Brown taught German students English 5 years ago. 33. I won't wear this shirt; it's too hot for me. 34. In one hour we'll have put to sea. 35. The dog lay down in front of his kennel. 36. There he lay for three hours, till he stood up. 37. After the policeman had seen the robber he ran after him. 38. Please sell this picture for me! 39. We sat down on the couch and each took a glass of wine. 40. You haven't laid the blanket well over the bed. 41. Yesterday we talked long about the difficulties in Italy. 42. Unfortunately everything has got more expensive; prices have risen. 43. My wife lost her purse some time ago. 44. Have you shaken the bottle? Otherwise the lemonade doesn't taste good. 45. I think I've made a mistake. 46. As I had slept well, I got up very early. 47. All the pupils stood up, when the teacher came into the room. 48. I told you the other day that you behaved badly. 49. We don't know any more, who has shaken our hands. 50. It was good that we had shut the windows when the rain began. 51. My father, who died 3 years ago, read the newspaper every day. 52. There was a lot of noise; otherwise he'd have understood me. 53. Look! There goes an elephant. 54. Where have you left your suitcase?

6. Alle Zeiten aktiv - Fragen und Verneinungen/ All simple tenses, active voice - questions and negative statements

(Zeiten nicht verändern!)

1. Weißt du, wann dein Vater geboren ist?
2. Hast du einen langen Brief an deine Tante geschrieben?
3. Wirst du nächstes Jahr zu mir kommen?
4. Ich wollte dich mit dem Schneeball nicht treffen.
5. Wir werden dieses Haus nicht so bald verkaufen.
6. Du hättest den Hund nie gefangen, weil er zu schnell war.
7. Ich werde die chinesische Sprache innerhalb von 3 Jahren nicht gelernt haben.
8. Wo warst du gestern?
9. Ich ging in das Kaufhaus; du sahst mich nicht.
10. Letzten Mittwoch machte ich meine Hausaufgaben nicht.
11. Glaube mir: Fred ist nicht im Schulhaus gewesen.
12. Hat es in diesem Zimmer immer so viele Bücher gegeben?
13. Ging der Junge wirklich regelmäßig zur Schule?
14. Was haben die Leute den ganzen Tag gemacht?
15. Einige Kinder hätten gerne im Schwimmbecken gebadet (have a bath).
16. Peter, sag mir, hast du Vaters Whisky getrunken?
17. Bob, du wirst keine Zigarre rauchen!
18. Der Hund ist nie auf dem schönsten Sessel gelegen.
19. Nehmen wir an, ein böser Mann greift dich an. Wirst du davonlaufen?
20. Seid ihr schon einmal zu Fuß durch die ganze Stadt gegangen?
21. Bevor ich mit dem Doktor gesprochen hatte, wußte ich nicht, wie krank ich war.
22. Wir waren früh nach Hause gegangen, aber wir gingen nicht sofort zu Bett.
23. Ich würde nicht gern Tennis spielen; es ist mir zu teuer.
24. War er ein guter Schwimmer, bevor er den Unfall hatte?
25. Schriebst du diesen Brief, oder schriebst du ihn nicht?

Beachte: Bei Frage und Verneinung im Präsens und Präteritum sind die Formen der unregelmäßigen Verben ohne Bedeutung: do you/does he/did we fly. (Hilfsgedanke: Tust du . . . fliegen?)

Lösung: 1. Do you know when your father was* born? 2. Have you written a long letter to your aunt? 3. Will you come to me next year? 4. I didn't want to hit you with the snowball. 5. We are not going to sell this house before long. 6. You'd never have caught the dog, because he was too fast. 7. I'll not have learnt the Chinese language within 3 years. 8. Where were you yesterday? 9. I went into the department store; you didn't see me. 10. Last Wednesday I didn't do my homework. 11. Believe me: Fred has not been in the school. 12. Have there always been so many books in this room? 13. Did the boy really go to school regularly? 14. What have the people done the whole day? 15. Some children would have liked to have a bath in the swimming-pool. 16. Peter, tell me, have you drunk Father's whisky? 17. Bob, you won't smoke a cigar! 18. The dog has never lain on the nicest armchair. 19. Let's suppose a bad man attacks you. Will you run away? 20. Have you ever gone on foot through the whole town? 21. Before I'd spoken to the doctor, I didn't know how sick I was. 22. We had gone home early, but we didn't go to bed at once. 23. I wouldn't like to play tennis; it's too expensive for me. 24. Was he a good swimmer before he had the accident? 25. Did you write this letter, or didn't you write it?

* Hier ausnahmsweise immer Past Tense!

7. Alle Zeiten - Verlaufsform/All tenses continuous
(immer Verlaufsform nehmen!)

1. Die Katze liegt gerade in meinem Bett; ich kann mich nicht hinsetzen.
2. Mein Opa sieht gerade einen Film an; wir wollen ihn nicht stören.
3. Warum schreibst du gerade Briefe?
4. (Immer) wenn der Zug langsamer fährt, wird er bald halten.
5. Ich reparierte eben mein Fahrrad, als du kamst.
6. Die ganze Familie hört eben Radio.
7. Schau, da gehen eben drei Elefanten über die Straße.
8. Im Augenblick korrigiert der Lehrer die Schulaufgaben.
9. Weil wir gerade fernsahen, wollte ich nicht hinausgehen.
10. Weil wir gerade fernsehen, will ich nicht hinausgehen.
11. Als wir am Morgen aufbrachen, schien gerade die Sonne.
12. Die Leute sagten uns, daß es drei Wochen dauernd geregnet hatte.
13. Während meine Frau Radio hörte, verließen die Kinder das Haus.
14. Als ich gerade zum Fenster hinaussah, erblickte ich einen Protestmarsch.
15. Ihr werdet sagen: »In Schottland wird es tagelang regnen.«
16. Ich lag gerade im Bett, als ich das Telefon hörte.
17. Habt ihr das ganze Wochenende gearbeitet?
18. Sind das deine Eltern, die da eben in die Schule gehen?
19. Der Zug fährt eben so langsam, daß ich leicht aussteigen könnte.
20. Ich hatte dauernd versucht, den Marsch auf dem Klavier zu spielen, als meine Mutter hereinkam.
21. Wann heiratet ihr?
22. Es gibt soviel Schnee; es muß die ganze Nacht geschneit haben.
23. Das Mädchen verbrachte seinen Urlaub in Spanien, als ich es zuletzt sah.
24. Worüber denkst du eben nach?
25. Wir frühstückten gerade, als der Postbote kam.

Lösung: 1. The cat is lying in my bed; I cannot sit down. 2. My grandpa is watching a film; we don't want to disturb him. 3. Why are you writing letters? 4. When the train is slowing down, it'll stop soon. 5. I was repairing my bike when you came. 6. The whole family are listening to the radio. 7. Look, three elephants are just crossing the street. 8. At the moment the teacher is marking the papers. 9. Because we were watching TV, I didn't want to go out. 10. Because we are watching TV, I don't want to go out. 11. When we were setting out in the morning, the sun was shining. 12. The people told us that it had been raining for three weeks. 13. While my wife was listening to the radio, the children left the house. 14. When I was looking out of the window, I caught sight of a protest march. 15. You'll say: "In Scotland it'll be raining for days." 16. I was lying in bed when I heard the phone. 17. Have you been working the whole weekend? 18. Are those your parents who are just going to the school? (Hier the, weil die Eltern in das Gebäude gehen!) 19. The train is moving so slowly that I could get out easily. 20. I had been trying to play the march on the piano, when my mother came in. 21. When are you getting married? 22. There is such a lot of snow; it must have been snowing the whole night. 23. The girl was spending her holiday in Spain, when I saw her last. 24. What are you thinking about? 25. We were just having breakfast when the postman came.

8. Gebrauch des Präteritums und des Perfekts/ Use of past tense and of present perfect

Beachte: Präteritum (1. Vergangenheit): Keine Berührung mit der Gegenwart! (Im Deutschen Perfekt möglich.)

Signalwörter: yesterday, last month (year . . .), at that time, the other day, in 1945, . . . ago.

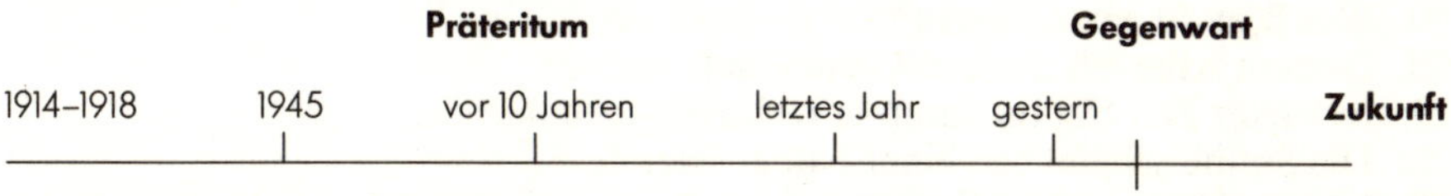

Perfekt (2. Vergangenheit): Meist Berührung mit der Gegenwart (im Deutschen oft Gegenwart!) oder zeitlose Feststellung.
Signalwörter: today, this morning (week, month . . .), (only) just, already, lately (kürzlich), till now, in my life, in recent years, up to now, so far, (not) yet; ever (since), never

since — seit — Zeitpunkt
for — seit — Zeitraum (= lang)

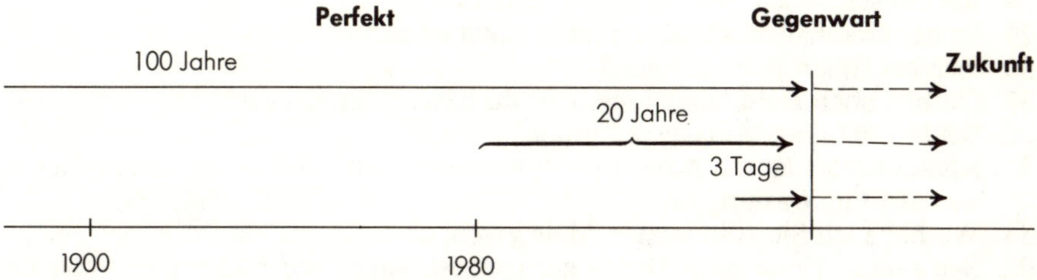

1. Letzte Woche bin ich in München gewesen.
2. Vor 10 Jahren haben wir Irland besucht.
3. Seit drei Jahren lerne ich in der Schule Englisch.
4. Wir wohnen seit 20 Jahren in dieser Stadt.
5. In Deutschland gibt es seit 1950 viele Autos.
6. Gestern sah ich im Fernsehen einen schönen Film.
7. Der Zweite Weltkrieg ging 1945 zu Ende.
8. Von 1914 bis 1918 war der Erste Weltkrieg.
9. Mein Vater ist nie nach England gereist.
10. Ich bin schon lange hier.
11. Mußtest du neulich wirklich so bald weggehen?
12. Mein Bruder hat sein Fahrrad schon lange.
13. Warum sind die Lichter ausgegangen?
14. Die Krankenschwester war nie in ihrem Leben krank.

Lösung: 1. Last week I was in Munich. 2. 10 years ago we visited Ireland. 3. I've been learning/ I've learnt English at school for three years. 4. We've lived in this town for 20 years. 5. Since 1950 there have been lots of cars in Germany. 6. Yesterday I saw a nice film on TV. 7. The Second World War came to an end in 1945. 8. The First World War was from 1914 to 1918. 9. My father has never travelled to England. 10. I've been here for a long time. 11. Did you really have to leave so soon the other day? 12. My brother has had his bike for a long time. 13. Why have the lights gone out? 14. The nurse has never been ill all her life.

Gebrauch des Präteritums und des Perfekts/
Use of past tense and of present perfect

15. Vor 3 Monaten ist der Arzt krank gewesen.
16. Kauftest du jemals einen Roman von Hemingway?
17. Ich verstehe, du hast nie einen von ihm gelesen.
18. Wie lange kennt dich dieser Herr schon?
19. Was hast du gerade getan?
20. Gestern habe ich meinen Geldbeutel verloren.
21. In letzter Zeit bist du kaum je rechtzeitig gekommen.
22. Die Sonne scheint seit einer halben Stunde.
23. Letzten Donnerstag habe ich dich gesehen; du bist mit deiner Mutter auf der Straße gegangen, aber du hast mich nicht gesehen.
24. Ich bin in London geboren; ich verbringe jedoch seit vielen Jahren die meiste Zeit auf dem Land.
25. Seit 12 Uhr gibt es im Biergarten reichlich Bier.
26. Hast du deine Fahrkarte verloren?
27. Neulich habe ich meinen alten Lehrer besucht; er war sehr erfreut, mich zu sehen.
28. Ich bin schon seit 1992 an dieser Schule.
29. Ist der Geschäftsführer noch nicht gekommen?
30. Wie hat Ihnen Paris gefallen?
31. Du bist noch nicht lange hier, aber du hast schon viel gesehen.
32. Ich bin seit dem Mittagessen müde.
33. Als ich letztes Jahr in Amerika war, wollte ich den Präsidenten sehen; aber er war nicht in Washington.
34. Wo habe ich Sie zum letzten Male gesehen?
35. Seit meine Tante nach Berlin gezogen ist, haben wir nichts mehr von ihr gehört.
36. Sind Sie nicht voriges Jahr in den USA gewesen?
37. Herr Miller spielt seit letztem Samstag nicht mehr Tennis, weil er sich verletzt hat.

Lösung: 15. 3 months ago the doctor was ill. 16. Have you ever bought a novel of Hemingway's? 17. I understand you have never read one of his. 18. How long has this gentleman known you? 19. What have you just done? 20. Yesterday I lost my purse. 21. Lately you have hardly ever come in time. 22. The sun has been shining (has shone) for half an hour. 23. Last Thursday I saw you; you went along the street with your mother, but you didn't see me. 24. I was born in London; for many years, however, I've spent most of the time in the country. 25. Since 12 o'clock there has been a lot of beer in the beergarden. 26. Have you lost/did you lose your ticket? 27. The other day I visited my old teacher; he was very pleased to see me. 28. I've been at this school since 1992. 29. Has the manager not come yet? 30. How did you like (have you liked) Paris? 31. You haven't been here yet for a long time, but you have seen quite a lot. 32. Since lunch I've been tired. 33. When I was in America last year, I wanted to see the President; but he was not in Washington. 34. Where did I see you last? 35. Since my aunt moved to Berlin, we haven't heard from her. 36. Were you not in the USA last year? 37. Mr Miller hasn't played tennis any more since last Saturday, because he hurt himself.

9. Zukunft/Future

Beachte: Im Englischen wird das Futur häufiger verwendet als im Deutschen; manchmal steht im Deutschen die Gegenwart. Eine scharfe Trennung der 4 Arten, wie man im Englischen die Zukunft bilden kann, ist schlecht möglich. Die Übergänge sind fließend; Situation und Gefühle spielen herein. Die 4 Möglichkeiten sind:

- will/shall (dieses zweite nur in der 1. Pers. Sing. und Plur.), 'll: Feststellung einer Tatsache oder einer Vermutung, spontaner Entschluß: I'm sure we will not/won't get lost in this town.
- going to: Absicht, Entschlossenheit (sehr häufig in Amerika: I gonna visit Old Europe next year): We are/we're going to buy mountain bikes.
- present continuous: konkret Geplantes in der Zukunft (oft mit Zeitbestimmung oder when: On the 1st of October I'm/I am flying to America.
- future continuous: Man versetzt sich gedanklich/gefühlsmäßig in ein Ereignis der Zukunft: At this time tomorrow we'll/we will be taking off from the airport.

Future II wird auch im Englischen nicht oft verwendet, aber immer noch häufiger als im Deutschen; hier verwenden wir meist das Perfekt: In zwei Tagen habe ich das geschafft (statt: In zwei Tagen werde ich das geschafft haben). Englisch: In two days I'll/I will have done it. Andere Signalwörter können sein: by (bis spätestens), next . . .

1. Ich denke nicht, daß mein Bruder dieses Jahr nach Amerika fährt.
2. In New York werde ich die Freiheitsstatue ansehen.
3. Wahrscheinlich verlieren wir dieses Spiel.
4. Wann kommst du morgen in München an?
5. Ich hoffe, du unterstützt mich in dieser Sache.
6. Der Mann ist noch nicht alt; er wird keine Pension bekommen.
7. Alle Leute erwarten, daß wir in Zukunft Frieden haben.
8. In einer Woche ist das Schuljahr zu Ende; der Direktor hält dann eine Ansprache.
9. Nächstes Jahr kaufen wir neue Möbel.
10. Wir sprechen darüber jetzt nicht; wir tun das morgen.
11. Was geschieht, wenn du in Zukunft nicht mehr spielen kannst?
12. Besucht ihr morgen die Großeltern?
13. Übermorgen um diese Zeit treffe ich meine Bekannten aus Rußland.
14. Möglicherweise gewinnst du einen Preis.
15. Heute abend machen wir eine Party; die ganze Gruppe kommt.
16. Ich schreibe euch einen Brief, sobald ich in Chicago ankomme.
17. Ich werde jetzt gleich fortgehen.

Lösung: 1. I don't think my brother will go to America this year. 2. In New York I'll have a look at the Statue of Liberty. 3. Probably we'll lose this game. 4. When are you arriving in Munich tomorrow? 5. I hope you'll support/back me in this matter. 6. The man is not old yet; he isn't going to get an old age pension. 7. All people expect (that) we'll have peace in future. 8. In one week the schoolyear will be at an end; then the headmaster (am. principal) is going to make a speech. 9. Next year we'll be buying new furniture. 10. We won't talk about that now; we shall be doing/'ll be doing that tomorrow. 11. What will happen if you can't play in future? 12. Will you visit the grandparents tomorrow? 13. The day after tomorrow at this time I'll be meeting my acquaintances from Russia. 14. Possibly you'll win a prize. 15. Tonight we're having a party; the whole group are coming. 16. I'll write you a letter, as soon as I'll arrive in Chicago. 17. I'm going to leave/amerik.: I gonna leave right now.

18. Die Hausaufgaben habe ich dann in spätestens 2 Stunden gemacht.
19. Bis ich nach Hause komme, wirst du das Rad repariert haben/hast du das Rad repariert.
20. Wir erwarten, daß ihr das bis morgen nicht vergessen habt.
21. Bis acht Uhr werde ich gefrühstückt haben; dann können wir weggehen.
22. Im Jahre 2010 werde ich einige Jahre in China gewesen sein.
23. Bis 2 Uhr werde ich meine Hausaufgaben gemacht haben/habe ich meine Hausaufgaben gemacht.
24. Wenn wir San Francisco erreichen, sind wir 10 Stunden geflogen.
25. Ich denke, ich treffe dich heute abend.
26. Wie ich sie kenne, wird sie nicht dasein.
27. Ich wüßte gerne, ob ich ihn sehen werde.
28. Vielleicht finden wir ein gutes Hotel.
29. Er wird das schönste Haus in der Stadt kaufen.
30. Meine Mutter hat Stoff gekauft; sie wird sich ein Kleid machen.
31. Was machen diese Arbeiter hier? Sie werden die Straße reparieren.
32. Ich bin sicher, du wirst dich morgen besser fühlen.
33. In London werden wir den Tower nicht besuchen, aber wir werden die Westminster Abbey sehen.
34. Wenn du nicht da bist, werden wir das Spiel verlieren.
35. Diese Arbeit wird für ihn schwierig sein, aber er wird es schaffen.
36. Nächsten Montag um diese Zeit werden wir gemütlich in unserer neuen Wohnung sitzen.
37. Ich bin sicher, daß du nächstes Jahr auch nicht mehr lernen wirst/auch nicht mehr lernst.
38. Bis du dich umgezogen hast, werde ich fertig (zum Gehen) sein/bin ich fertig.
39. Willst du wissen, wann ich meine Einkäufe mache/machen werde?
40. Unser Haus ist zu klein geworden; ich werde es verkaufen.

Lösung: 18. I'll have done the homework in 2 hours at the latest. 19. Until I come home you'll have repaired the bike. 20. We expect you won't have forgotten it by tomorrow. 21. I'll have had breakfast by eight o'clock; then we can leave. 22. In 2010 I'll have been in China for some years. 23. I'll have done my homework by 2 o'clock. 24. When we reach San Francisco, we'll have flown for 10 hours. 25. I think I'll see you tonight. 26. As I know her she won't be there. 27. I wonder if I'll see him. 28. Perhaps we'll find a good hotel. 29. He'll buy the finest house in the town (meine Meinung und meine Vorstellung)/He's going to . . . (ich kenne seine Pläne). 30. My mother has bought some cloth; she is going to make herself a dress. 31. What are these workmen doing here? They are going to repair the road. (Der Sprecher weiß um ihre Absicht.)/They will repair . . . (Feststellung) 32. I'm sure you'll feel better tomorrow. 33. In London we won't visit the Tower, but we'll see W.A. 34. If you are not there, we'll lose the game. 35. This job will be difficult for him, but he'll manage it. 36. Next Monday at this time we will be sitting comfortably in our new flat. 37. I'm sure you won't learn more next year either. 38. By the time you have changed I will/I shall/I'll be ready (to go). 39. Are you wondering when I'm going to do my shopping? 40. Our house has become too small, I'm going to sell it. (Betonung der Absicht)/I'll sell it. (Klare Sache!)

10. Passiv - einfache Zeiten/Passive voice - simple tenses

1. Diese Mützen werden überall verkauft.
2. Ich habe geschrien, aber ich bin von niemand gehört worden.
3. Unser Hund wird nie von unseren Eltern geschlagen.
4. Wie konnte das Pferd gefangen werden?
5. Von wem wurdest du gestern gesehen, als du im Kino warst?
6. Ich wünsche, nicht gestört zu werden.
7. Wann bist du von unserem Hund gebissen worden?
8. Der Südpol wurde schon von einigen Leuten erreicht.
9. Zu Beginn des Septembers wurden von den Seeleuten Winterquartiere gesucht.
10. Ein kleines Dorf ist von den Eskimos gebaut worden.
11. Eine Gruppe nach der anderen war von Peary zurückgeschickt worden; endlich wurde von ihm die amerikanische Flagge gehißt (to hoist).
12. Nun konnte von allen Radiostationen die große Nachricht verbreitet werden.
13. Der Fußgänger wurde vom Auto überfahren.
14. Nachdem er ins Krankenhaus gebracht worden war, wurde er operiert.
15. An wen wurde dieses Päckchen geschickt?
16. Es ist nicht schön, in kaltes Wasser geworfen zu werden.
17. Dieser Artikel wurde von mir geschrieben; aber er ist noch nicht veröffentlicht worden.
18. Der Schlüssel wurde lange gesucht, aber er war nicht zu finden.
19. Dem Jungen wurde ein Buch gegeben.
20. Er ging nicht aus dem Haus aus Furcht, gesehen zu werden.
21. Die Rechnung ist von meinem Freund bezahlt worden.
22. Sind die Hausaufgaben gemacht worden?
23. Nie zuvor war dieser Vogel gesehen worden.
24. Ich bin sehr traurig, daß ich immer ausgelacht werde.
25. Dem Jungen wurde gesagt, er solle die Tür schließen.

Beachte: Am, is, are, was, were + be ist immer falsch! Vom Verb wird immer das Partizip II verwendet. Von = by.

Lösung: 1. These caps are sold everywhere. 2. I have shouted, but I've not been heard by anybody. 3. Our dog is never beaten by our parents. 4. How could the horse be caught? 5. By whom were you seen yesterday when you were in the cinema? 6. I don't want to be disturbed. 7. When were you bitten by our dog? 8. The South Pole was already reached by some people. 9. At the beginning of September winter quarters were looked for by the sailors. 10. A small village has been built by the Eskimos. 11. One group after the other had been sent back by Peary; at last the American flag was hoisted by him. 12. Now the great news could be broadcast by all broadcasting stations. 13. The pedestrian was run over by the car. 14. After he had been taken to the hospital he was operated on. 15. To whom was this package sent?/Who was this p. sent to? 16. It's not nice to be thrown into cold water. 17. This article was written by me; but it has not been published yet. 18. The key was looked for for a long time, but it was not to be found. 19. A book was given to the boy./The boy was given a book. 20. He did not leave the house for fear of being seen. 21. The bill has been paid by my friend. 22. Has the homework been done? 23. Never before had this bird been seen. 24. I'm very sad that I'm always laughed at. 25. The boy was told to shut the door.

11. Passiv Verlaufsform/Passive voice continuous

(Es kommt nicht sehr häufig vor, und nur im Präsens und Präteritum.)

1. Wißt ihr, daß jetzt gerade neue Autotypen entworfen (to design) werden?
2. Unser Gepäck wird gerade gewogen.
3. Zwei Würste werden gerade vom Hund gefressen.
4. Während das Haus gebaut wurde, konnte es besichtigt werden.
5. Die Motorräder werden eben von den Jungen repariert.
6. Bitte nicht eintreten! Hier werden gerade Kandidaten geprüft.
7. Der Elefant war mit dem Kran aus dem Schiff gehoben worden und wurde gerade heruntergelassen, als ich vorbeikam.
8. Sehr ihr nicht, daß wir beobachtet werden?
9. Während das Auto von meiner Frau gereinigt wurde, machte ich die Hausaufgaben meines Sohnes.
10. Wer wird gerade geprüft?
11. Eben werden die Hausaufgaben von meinen Kindern gemacht.
12. Ich las die Zeitung, während das Baby gewaschen wurde.
13. Als ich an der Bank vorbeiging, wurden eben Räuber verhaftet.
14. Dieser Mann wird immer noch von der Polizei gesucht.
15. Eben wird nach dem Doktor geschickt.
16. Ich weiß nicht, warum er gerade ausgelacht wird.
17. Siehst du nicht, daß du nicht über diese Brücke gehen kannst? Sie wird eben repariert.
18. Als ich zum Hafen kam, wurde eben ein großes Schiff hereingezogen.
19. Du kannst sicher sein: Diese Probleme sind gestern den ganzen Tag diskutiert worden.
20. Bitte kommt herein! Hier wird eben eine wichtige Versammlung abgehalten.
21. Paß auf, das Auto wird eben aus der Garage gefahren.
22. Schau hin: Eben wird das Fleisch vom Koch zubereitet.
23. Moment! Ich werde jetzt eben etwas anderes gefragt.

Lösung: 1. Do you know that new car types are being designed? 2. Our luggage is just being weighed. 3. Two sausages are just being eaten by the dog. 4. While the house was being built, it could be visited. 5. The motorbikes are being repaired by the boys. 6. Please don't enter! Here candidates are being examined. 7. The elephant had been lifted out of the ship with the crane and was being lowered when I passed. 8. Don't you see that we are being watched? 9. While the car was being cleaned by my wife, I was doing my son's homework. 10. Who is just being examined? 11. The homework is just being done by my children. 12. I was reading the newspaper, while the baby was being washed. 13. When I passed the bank, robbers were being arrested. 14. This man is still being wanted by the police. 15. The doctor is just being sent for. 16. I don't know why he is being laughed at. 17. Don't you see that you can't go across that bridge? It is being repaired. 18. When I came to the harbour, a big ship was being towed in. 19. You may rest assured: These problems were being discussed the whole day yesterday. 20. Please come in! An important meeting is just being held here. 21. Watch out, the car is just being driven out of the garage. 22. Look: The meat is being prepared by the cook. 23. Just a moment! I'm being asked something different.

12. Setze ins Passiv/Put into the passive voice

Manchmal gibt es 2 Möglichkeiten; dann steht eine 2 hinter dem Satz. Zeiten übersetzen, wie sie dastehen.

1. Vater wird die Fahrkarte kaufen.
2. Die ganze Familie liebt das Wochenende.
3. Wir müssen den Wagen aus der Garage holen.
4. Der Schaffner kontrolliert unsere Fahrkarten.
5. Ich lese alle Bücher, bevor ich sie ins Regal stelle.
6. (Absurd!) Nachdem mich der Löwe gesehen hatte, fraß er mich.
7. Herr Smith hatte uns zu einem Ausflug eingeladen.
8. Er hat ein Boot genommen und bezahlt.
9. Werden wir einen Platz finden, wo wir landen können?
10. Wir haben fast alle belegten Brote gegessen.
11. Die Überreste gaben wir den Schwänen. 2
12. Am Nachmittag schreiben wir unsere Übungen.
13. Wenn ich einen Apfel stehle, wird mich der Nachbar sehen.
14. In drei Tagen werde ich das Buch gelesen haben.
15. Die alten Semmeln können wir nicht essen.
16. Ich bin sicher, daß du mich nicht gesehen hast.
17. Wenn wir abreisen, packt Mutter alle Sachen ein.
18. Die Jungen zeigten der alten Dame den Übergang für Fußgänger. 2
19. Wirst du mich über den Fluß tragen?
20. Einige englische Jungen schlossen sich uns an.
21. Nachdem der Pilot die Erlaubnis bekommen hatte, startete er das Flugzeug.
22. Auf einmal änderte er den Kurs.
23. Ich war froh, daß wir vorher die Plätze gebucht hatten.
24. Ich möchte gerne wissen, wer uns am Flugplatz abholen wird.
25. Merkst du nicht, daß vier Augen auf dich schauen?
26. Wir werden dir bald helfen.

Lösung: 1. The ticket will be bought by Father. 2. The weekend is loved by the whole family. 3. The car must be taken out of the garage by us. 4. Our tickets are checked by the conductor. 5. All the books are read by me before they are put on the shelf. 6. After I had been seen by the lion I was eaten by him. 7. We had been invited for an outing by Mr Smith. 8. A boat has been taken and paid for by him. 9. Will a place be found by us where we can land? 10. Almost all sandwiches have been eaten by us. 11. The remains were given to the swans by us./The swans were given … 12. In the afternoon our exercises are written by us. 13. If an apple is stolen by me, I'll be seen by the neighbour. 14. In three days the book will have been read by me. 15. The old rolls can't be eaten by us. 16. I'm sure I've not been seen by you. 17. When we depart all things are packed by Mother. 18. The crossing for pedestrians was shown to the old lady by the boys./The old lady was shown the c… 19. Will I be carried across the river by you? 20. We were joined by some English boys. 21. After the pilot had got permission, the plane was started by him. 22. All of a sudden the course was changed by him. 23. I was glad that the seats had been booked by us before. 24. I wonder by whom we will be met at the airport. 25. Don't you realize that you are being looked at by four eyes? 26. You will soon be helped by us.

13. Setze ins Aktiv/Put into the active voice

Zeiten übersetzen, wie sie dastehen.

1. An Samstagen wird der Einkauf manchmal von Herrn Miller gemacht.
2. Sind diese Wörter von dir gelernt worden?
3. Dem Lehrer wurden von den Schülern die Hefte gezeigt.
4. Die Schulaufgaben werden vom Lehrer benotet werden.
5. Die Fahrkarten wurden vom Vater gekauft.
6. Das Baby muß von der Mutter gebadet werden.
7. Das kleine Kind wurde von meiner Schwester im Kinderwagen ausgefahren.
8. Der Koffer wurde von ihr vom Speicher geholt.
9. Der Kuchen wird von meiner Tante gebacken werden, weil sie eine gute Köchin ist.
10. Das kann von niemand getan werden.
11. Von wem wird der Tisch gedeckt?
12. Ich fiel ins Wasser, nachdem ich von jemand gestoßen worden war.
13. Wenn dieser Junge von mir erwischt wird, wird er bestraft werden.
14. Uns wurde gezeigt, wie man einen Kompaß verwendet.
15. Das Kreuzworträtsel könnte leicht von uns gelöst werden.
16. In England können viele Überreste aus römischer Zeit gefunden werden.
17. Der Kanal wurde von den Engländern als Hauptschiffahrtslinie benutzt.
18. Ist das Paket von dir aufgegeben worden?
19. Der Schaukelstuhl wurde von Benjamin Franklin erfunden.
20. Der König, der auf dem Podium steht, wird von allen Leuten gesehen.
21. Deutsch wird von 100 Millionen Menschen gesprochen.
22. Nachdem das Auto vom Mechaniker repariert worden war, wurde die Reise von uns fortgesetzt.
23. Dieses Buch kann von mir übersetzt werden.
24. Vom Wetterbericht ist schlechtes Wetter gemeldet worden.
25. Ich denke, daß dieser Politiker im nächsten Jahr gewählt wird.

Lösung: 1. On Saturdays Mr Miller sometimes does the shopping. 2. Have you learnt these words? 3. The pupils showed their exercise-books to the teacher. 4. The teacher will mark the papers. 5. Father bought the tickets. 6. Mother must bath the baby. 7. My sister took the little child out in the pram. 8. She fetched the suitcase from the attic. 9. My aunt will bake the cake, because she is a good cook. 10. Nobody can do that. 11. Who lays the table? 12. I fell into the water after somebody had pushed me. 13. If I get hold of this boy, he will be punished. (Hier ist schwer ein Aktiv zu machen, weil der Bestrafende nicht genannt ist; vielleicht: . . . they will punish him.) 14. People (they, somebody, the guide) showed us how to use the compass. 15. We could easily solve the crossword-puzzle. 16. In England people can find a lot of remains from Roman times. 17. The English made use of the Channel as a main line of communication. 18. Have you posted the parcel? 19. Benjamin Franklin invented the rocking-chair. 20. All the people see the king, who is standing on the rostrum. 21. 100 million people speak German. 22. After the mechanic had repaired the car, we continued the journey. 23. I can translate this book. 24. The weather forecast has announced bad weather. 25. I think people will elect this politician next year.

14. Bedingungssätze aktiv/Conditional sentences active voice

Typ I (Realis): if-Satz einfache Geg.; Hauptsatz Fut. I oder Hilfsverb
Typ II (Irrealis, Geg.): if-Satz Präteritum; Hauptsatz Conditional I
Typ III (Irrealis, Verg.): if-Satz Plusquamperf.; Hauptsatz Conditional II

1. Wenn es morgen schön ist, spiele ich Tennis.
2. Wenn es heute schön wäre, würde ich einen Spaziergang machen.
3. Ich hätte einen Spaziergang gemacht, wenn es gestern schön gewesen wäre.
4. Würdest du das Buch kaufen, wenn es nicht so teuer wäre?
5. Wenn das Essen nicht fertig ist, gehe ich ohne.
6. Wenn du mir Geld gibst, helfe ich dir.
7. Wenn du mir Geld gäbest, würde ich dir helfen.
8. Wenn du mir Geld gegeben hättest, hätte ich dir geholfen.
9. Ich würde sofort kommen, wenn ich du wäre.
10. Mein Vater würde gerne nach Amerika fliegen, wenn er reich wäre.
11. Wenn ich Arzt geworden wäre, hätte ich jetzt viel Geld.
12. Wenn Sie gewartet hätten, hätten Sie mich gefunden.
13. Ich würde einen Elefanten kaufen, wenn ich mehr Geld hätte.
14. Ich hätte das nicht getan, wenn ich du gewesen wäre.
15. Wenn ich die Königin von England wäre, würde ich 60 Häuser kaufen.
16. Ich würde dir zeigen, wie man, das macht, wenn ich es selbst wüßte.
17. Der Unfall wäre nicht passiert, wenn er langsamer gefahren wäre.
18. Wenn meine Eltern ausgewandert wären, würde ich jetzt in Amerika leben.
19. Wenn du ehrlich bist, helfe ich dir.
20. Ich würde bessere Noten bekommen, wenn ich besser Englisch könnte.
21. Hätte er mir das Problem erklärt, wenn ich ihn gefragt hätte?
22. Wenn ich gewußt hätte, daß Englisch so leicht ist, hätte ich mich nicht gefürchtet.
23. Wenn es nicht so lange geregnet hätte, wären wir früher gekommen.
24. Du hättest etwas Schönes gesehen, wenn du hiergewesen wärest.

Beachte: Hinter will und would steht der Infinitiv; hinter have, has, had das Partizip Perfekt!

Lösung: 1. If it's fine tomorrow, I'll play tennis. 2. If it was fine today, I'd go for a walk. 3. I'd have gone for a walk, if it had been fine yesterday. 4. Would you buy the book, if it was not so expensive? 5. If the meal is not ready, I'll go without it. 6. If you give me money, I'll help you. 7. If you gave me money, I'd help you. 8. If you had given me money, I'd have helped you. 9. I would come at once, if I were you. 10. My father would like to fly to America if he was rich. 11. If I had become a physician, I'd have a lot of money now. 12. If you had waited, you would have found me. 13. I'd buy an elephant, if I had more money. 14. I wouldn't have done that, if I had been you. 15. If I were Queen of England, I would buy 60 houses. 16. I'd show you how to do it, if I knew (it) myself. 17. The accident would not have happened, if he had driven more slowly. 18. If my parents had emigrated, I would live in America now. 19. If you are honest, I'll help you. 20. I would get better marks, if I knew English better. 21. Would he have explained the problem to me, if I had asked him? 22. If I had known that English is so easy, I'd not have been afraid. 23. If it hadn't been raining so long, we'd have come sooner. 24. You would have seen something nice, if you'd been here.

15. Bedingungssätze - Hilfsverben und Passiv/Conditional sentences - auxiliary verbs and passive voice

1. Wenn ich Geld habe, kann ich mir diese Schallplatte kaufen.
2. Wenn ich Geld hätte, könnte ich diese Schallplatte kaufen.
3. Ich muß viel arbeiten, wenn mein Onkel krank ist.
4. Wenn der Vogel gesehen wird, wird er gefangen.
5. Wenn der Vogel gesehen würde, würde er gefangen.
6. Wenn der Vogel gesehen worden wäre, wäre er gefangen worden.
7. Das Paket würde sofort abgeschickt, wenn es gepackt worden wäre.
8. Das Paket wäre sofort abgeschickt worden, wenn es mir gezeigt worden wäre.
9. Wenn du das weißt, mußt du es sagen.
10. Wenn du das wüßtest, könntest du es mir sagen.
11. Ich bin froh, wenn der Brief von dir geschrieben wird.
12. Ich wäre froh, wenn der Brief von dir geschrieben würde.
13. Ich wäre froh gewesen, wenn der Brief von dir geschrieben worden wäre.
14. Wird der Hund geschlagen, wenn er gefangen wird?
15. Würde der Hund geschlagen (werden), wenn er gefangen würde?
16. Wäre der Hund geschlagen worden, wenn er gefangen worden wäre?
17. Wenn du hier gesehen wirst, wirst du sofort bestraft.
18. Wenn du ehrlich bist, wird dir von mir geholfen.
19. Die Katze kann kaum gesehen werden, wenn sie auf dem Sofa liegt.
20. Die Katze könnte kaum gesehen werden, wenn sie auf dem Sofa läge.
21. Wenn die Löhne erhöht worden wären, hätten die Arbeiter nicht gestreikt.
22. Kommst du nicht gleich, ist es zu spät.
23. Das Leben des Mannes könnte gerettet werden, wenn er bald gefunden würde.
24. Sein Leben wäre gerettet worden, wenn er gefunden worden wäre.
25. Der Fahrer wäre nicht verletzt worden, wenn er einen Gurt angehabt hätte.

Lösung: 1. If I have (got) money, I can buy this record. 2. If I had money, I could buy this record. 3. I must work a lot if my uncle is sick. 4. If the bird is seen, it will be caught. 5. If the bird was seen, it would be caught. 6. If the bird had been seen, it would have been caught. 7. The parcel would be dispatched at once, if it had been packed up. 8. The parcel would have been dispatched at once, if it had been shown to me/if I had been shown it. 9. If you know that, you must say so. 10. If you knew it, you could tell me. 11. I'll be glad, if the letter is written by you. 12. I'd be glad, if the letter was written by you. 13. I'd have been glad, if the letter had been written by you. 14. Will the dog be beaten, if he is caught? 15. Would the dog be beaten, if he was caught? 16. Would the dog have been beaten, if he had been caught? 17. If you are seen here, you'll be punished at once. 18. If you are honest, you will be helped by me. 19. The cat can hardly be seen, if she lies on the sofa. 20. The cat could hardly be seen, if she lay on the sofa. 21. If the wages had been raised, the workers would not have gone on strike. 22. If you don't come at once, it'll be too late. 23. The man's life could be saved, if he was found soon. 24. His life would have been saved, if he had been found. 25. The driver would not have been injured, if he had worn a seat belt.

16. Kurzfragen und -antworten/Question tags and answers

Regel: Bei den Kurzfragen wird das Subjekt als Pronomen aufgenommen; ist ein Hilfsverb da, wird dieses wiederholt; ist kein Hilfsverb da, nimmt man die entsprechende Form von to do. Ist der Hauptsatz verneint, wird das Anhängsel nicht verneint - und umgekehrt.

1. Verstehst du alles, was ich sage? Ja/Nein
2. Wird er mich morgen besuchen? Ja/Nein
3. Hast du das nicht vorher gewußt? Ja/Nein
4. Arbeitet Mutter viel im Garten? Ja/Nein
5. Kannst du mir beim Autowaschen helfen? Ja/Nein
6. Das war eine schöne Zeit, nicht wahr?
7. Das hast du getan, nicht wahr?
8. Seine Schwester ist älter als er, nicht wahr?
9. Der Lehrer korrigiert nicht immer alle Hefte, nicht wahr?
10. Diese Leute sind nicht sehr arm, nicht wahr?
11. Deine Freundin tanzt nicht gern, nicht wahr?
12. Wir werden um 1 Uhr fortgehen, nicht wahr?
13. Das Fahrrad ist völlig in Ordnung, nicht wahr?
14. Der Junge wollte das lernen; ich auch.
15. Ihr werdet nicht zu spät dran sein, nicht wahr?
16. Meine Schwester wäre nicht gerne zu Hause geblieben; ich auch nicht.
17. Sie ist doch eine richtige Klatschbase, nicht wahr?
18. Die Browns wohnen nicht in Manchester, nicht wahr?
19. Deine Eltern sind immer zu Hause; du auch.
20. Muß ich jetzt schon zu Bett gehen? Ja/Nein
21. Hat dein Vater nun eine Arbeit? Ja/Nein
22. Mein Bruder lernt gerade Englisch; ich auch.
23. Kommen gerade deine Freunde? Ja/Nein
24. Wir haben das wirklich gut gemacht; du auch.
25. Unser Nachbar fährt nicht gerne mit dem Fahrrad; ich auch nicht.

Lösung: 1. Do you understand everything (that) I say? Yes, I do/No, I don't. 2. Will he see me tomorrow? Yes, he will/No, he won't. 3. Didn't you know that before? Yes, I have/No, I haven't. 4. Does Mother work much in the garden? Yes, she does/No, she doesn't. 5. Can you help me wash the car? Yes, I can/No, I can't. 6. That was a nice time, wasn't it? 7. You have done that, haven't you? 8. His sister is older than him, isn't she? 9. The teacher doesn't always correct all the exercise-books, does he? 10. These people aren't very poor, are they? 11. Your girlfriend doesn't like to dance, does she? 12. We'll leave at one o'clock, won't we? 13. The bike is perfectly all right, isn't it? 14. The boy wanted to learn that; so did I. 15. You won't be late, will you? 16. My sister wouldn't have liked to stay at home; nor (neither) would I. 17. She is a true chatterbox, isn't she? 18. The Browns don't live in Manchester, do they? 19. Your parents are always at home; so are you. 20. Must I go to bed already? Yes, you must/No, you needn't. 21. Has your father got a job now? Yes, he has/No, he hasn't. 22. My brother is learning English; so am I. 23. Are your friends coming? Yes, they are./No, they aren't. 24. We've done that really well; so have you. 25. Our neighbour doesn't like cycling; nor do I.

17. Setze in die indirekte Rede I / Put into reported speech I

Regel: Steht das Prädikat des einleitenden Satzes in der *Gegenwart,* ändern sich die Zeiten des folgenden Nebensatzes nicht. Sinngemäß zu ändern ist die Person (meist 3. Person).

1. Der Junge sagt: »So etwas tue ich nicht.«
2. Der Junge sagt: »Ich habe das nicht getan.«
3. Der Junge sagt: »Ich werde das nicht tun.«
4. Sein Vater erwidert: »Du bist ein guter Junge.«
5. Sein Vater erwidert: »Ich werde dir immer glauben.«
6. Sein Vater erwidert: »Ich habe dir immer geglaubt.«
7. Er fragt mich: »Verstehst du mich?«
8. Er will wissen: »Hast du mich verstanden?«
9. Sie fragt: »Wirst du mir helfen?«
10. Ich frage ihn: »Warum hast du nie dein Wort gehalten?«
11. Er antwortet: »Ich weiß, daß ich dir vertrauen kann.«
12. Mein Freund fragt: »Wann wirst du mich besuchen?«
13. Jeder sagt: »Das ist eine Kleinigkeit.«
14. Der Präsident stellt fest: »Alle Mitglieder sind hier.«
15. Herr Smith sagt: »Ich kann es nicht glauben, daß ich gewonnen habe.«
16. Meine Frau besteht darauf: »Ich werde dieses Jahr nach Griechenland fahren.«

Lösung: 1. The boy says he does not do a thing like that. 2. . . . he has not done that. 3. . . . he won't do that. 4. His father replies he is a good boy. 5. . . . he'll always believe him. 6. . . . he has always believed him. 7. He asks me if (whether) I understand him. 8. He is wondering if I have understood him. 9. She asks if I'll help her. 10. I ask him why he has not kept his word. 11. He answers (that) he knows (that) he can trust me. 12. My friend asks when I'll visit him. 13. Everybody says that is a trifle. 14. The president states (that) all members are there. 15. Mr Smith says he can't believe (that) he has won. 16. My wife insists she'll go to Greece this year.

---

18. Setze in die indirekte Rede II/Put into reported speech II

Regel: Steht das Prädikat des einleitenden Satzes im *Präteritum* (das ist meistens der Fall), ändern sich die Zeiten des folgenden Nebensatzes: Präsens → Präteritum ‖ Präteritum und Perfekt → Plusquamperfekt ‖ Zukunft → Conditional I. (Ist die Aussage allgemein gültig, keine Veränderung: He said: "The earth moves round the sun." → He said (that) the earth moves round the sun.)

Ferner ändern sich (meist!):

this (these) → that (those)	yesterday → the day before	next year → the following year
here → there	two days ago → two days before	
now → then	last week → the week before	tomorrow → the next (following) day
today → that day	→ the previous week	

1. Der Lehrer fragte: »Verstehst du mich?«
2. Er wollte wissen: »Hast du mich verstanden?«
3. Die Dame fragte: »Werden Sie mir helfen?«
4. Ich fragte meinen Freund: »Warum hast du dein Wort nicht gehalten?«
5. Er antwortete: »Ich weiß, daß du mir nicht mehr vertrauen kannst.«
6. Meine Freundin sagte: »Ich werde dich in ein paar Tagen besuchen.«
7. Der Sohn erwiderte seiner Mutter: »Ich weiß nicht, wo das Buch ist.«
8. Der Schüler sagte zum Lehrer: »Gestern habe ich das alles gewußt.«
9. Mein Freund versicherte mir: »Ich werde morgen auf dich warten.«
10. Der Boß war sehr ärgerlich und brüllte: »Vor einer Woche habe ich dir dies genau erklärt!«
11. Er behauptete: »Ich war dauernd am Arbeiten, bevor du kamst.«
12. Meine Freundin sagte: »Letztes Jahr bin ich mit dir gereist; dieses Jahr reise ich mit einem anderen Freund.«
13. Meine Großmutter dachte: »Ich habe meine Geldbörse verloren.«
14. Mrs A. rief aus: »Es wird schön sein, an einem solchen Tag durch die Luft zu fliegen.«
15. Ihr Mann sagte: »Wir sind in den Wolken, aber wir werden bald herauskommen.«
16. Er fragte: »Wie fühlst du dich? Bist du luftkrank?«
17. Sie erklärte: »Ich genieße diesen Flug sehr.«
18. Er sagte: »Glaube mir; ich werde der erste sein, der aussteigt.«
19. Der Lehrer schrie: »Seid ruhig! Sprecht nicht soviel!«
20. Der Junge sagte: »Ich konnte Klavier spielen, als ich acht Jahre war.«
21. Mein Freund versprach: »Natürlich werde ich dies für dich tun können.«
22. Bill sagte: »Der Einbrecher ist zur Türe hereingekommen.«
23. Das Mädchen sagte seiner Mutter: »Morgen reise ich nach München ab.«
24. Der Mann schrie zu dem Hund: »Leg dich hin!«
25. Der Junge sagte: »Ich muß bis 10 Uhr zu Hause sein.«
26. Der Fahrer sagte: »Das war eine schlimme Situation; plötzlich sah ich den Igel, und es gab nichts, was ich tun konnte.«

Lösung: 1. The teacher asked if I/he understood him. 2. He wondered if I/he had understood him. 3. The lady asked if I/he would help her. 4. I asked my friend why he had not kept his word. 5. He answered (that) he knew (that) I could not trust him any more. 6. My girlfriend said she would visit me in a couple of days. 7. The son replied to his mother he didn't know where the book was. 8. The pupil said to the teacher (that) he had known everything the day before. 9. My friend assured me he would wait for me the following day. 10. The boss was very angry and shouted he had explained that to me/to him in detail a week before. 11. He claimed he had been working before he/she came. 12. My girlfriend said the previous year she had travelled with me/him; that year she would travel with a different friend. 13. My Granny thought she had lost her purse. 14. Mrs A. exclaimed it would be nice to fly through the air on a day like that. 15. Her husband said they were in the clouds, but they would come out soon. 16. He asked how she felt; if she was airsick. 17. She declared she was enjoying that flight very much. 18. He said she should believe him; he would be the first to get out. 19. The teacher shouted they should be quiet and not talk so much. 20. The boy said (that) he had been able to play the piano when he had been eight. 21. My friend promised (that) of course he would be able to do that for me. 22. Bill said (that) the burglar had come in through the door. 23. The girl told her mother (that) she was leaving for M. the following day. 24. The man shouted to the dog to lie down / he should lie down. 25. The boy said he had to be at home by 10 o'clock. 26. The driver said (that) that had been an awful situation and (that) there had been nothing he had been able to do.

19. Modale Hilfsverben: can, may/Modal auxiliary verbs

(Manche Formen lassen sich doppelt übersetzen.)

1. Kannst du mir den Weg zum Bahnhof zeigen?
2. Meine Schwester konnte sehr gut schwimmen.
3. Natürlich habe ich das nicht wissen können.
4. Wirst du mir helfen können, diesen Koffer zum Bahnhof zu tragen?
5. Darf ich jetzt nach Hause gehen?
6. Der Schüler durfte das Klassenzimmer nicht verlassen.
7. Du wirst mich immer besuchen dürfen.
8. Hast du in die Stadt gehen dürfen?
9. Ich hatte in die Stadt gehen dürfen, aber ich durfte dort nichts kaufen.
10. Sie konnte heute nicht kommen, aber sie wird morgen kommen können.
11. Wenn ich gelaufen wäre, hätte ich den Bus erreichen können.
12. Ich glaube, diese Leute müssen ihre Meinung geändert haben.
13. Das darfst du auf keinen Fall tun.
14. Kannst du Französisch?
15. Seit 9 Uhr darf ich Klavier spielen, weil es die Leute nicht stört.
16. Es ist schön, Schlittschuh fahren zu können.
17. Ich fürchte, es könnte vielleicht in ein paar Stunden regnen.
18. Diese Äpfel können nicht gegessen werden.
19. Der Beamte sagte, daß er die Sache nicht anders hatte bearbeiten dürfen.
20. Es ist schön, hier alles tun zu dürfen.
21. Hast du immer deine Hausaufgabe allein machen können?
22. Ich hätte dir vielleicht helfen können, wenn du es mir rechtzeitig gesagt hättest.
23. Ich hätte es nicht tun können.

Beachte: Es gibt nur die Formen can und could (konnte, könnte); alle anderen Zeiten und Infinitiv sind mit able = fähig zu umschreiben.
Es gibt nur die Formen may (kann, darf) und might (könnte vielleicht); Umschreibung mit allowed.

Lösung: 1. Can you show me the way to the station? 2. My sister could swim very well. 3. Of course I've not been able to know that. 4. Will you be able to help me to carry that suitcase to the station? 5. May I go home now? 6. The pupil was not allowed to leave the classroom. 7. You'll always be allowed to visit me. 8. Have you been allowed to go to town? 9. I had been allowed to go to town, but I was not allowed to buy anything there. 10. She could not come/ was not able to come today, but she will be able to come tomorrow. 11. If I had run I could have caught the bus. I'd (would) have been able to catch the bus. 12. I think these people must have changed their minds. 13. You must not do that. 14. Can you speak (understand) French? 15. Since 9 o'clock I've been allowed to play the piano, because it doesn't disturb people. 16. It is nice to be able to skate. 17. I'm afraid it might rain in a couple of hours. 18. These apples can't be eaten. 19. The official said he had not been allowed to handle the matter differently. 20. It is nice to be allowed to do everything here. 21. Have you always been able to do your homework by yourself? 22. I might have helped you, if you had told me in time. 23. I could not have done it/I would not have been able to do it.

20. Modale Hilfsverben: must, need, shall, should, ought to, dare, used to/ Modal auxiliary verbs

1. Du must mehr arbeiten; sonst wird aus dir nichts.
2. Ich mußte alle diese Wörter lernen.
3. Er weiß genau, er wird mehr lernen müssen.
4. Hast du schon nach Hause gehen müssen?
5. Diese Hausaufgaben müssen gemacht werden.
6. Ich bin sicher, ich muß diesen Mann irgendwo gesehen haben.
7. Gestern mußte ich den Koffer meiner Tante zum Bahnhof bringen.
8. Das wird bald getan werden müssen.
9. Soll ich dir helfen?
10. Du sollst das sofort tun.
11. Soll er dich nach Amerika begleiten?
12. Ich darf nie lügen.
13. Der Einbrecher hat fliehen müssen.
14. Plötzlich soll ich wissen, wo er ist.
15. Du darfst dieses Glas nicht brechen!
16. Er traut sich nicht, sich zu bewegen.
17. Der Junge, der an der Türe stand, hätte den Lehrer grüßen sollen.
18. Es ist gut, nicht laufen zu müssen, sondern gefahren zu werden.
19. Du brauchst mir nicht zu helfen; ich tue alles allein.
20. Er weiß genau, er soll ihm helfen.
21. Früher waren dort schönere Häuser.
22. Morgen ist eine kleine Party; aber du brauchst nicht zu kommen, wenn du nicht magst.
23. Der Junge wagt es nicht, seinem Vater über die schlechte Note zu berichten, die er in der letzten Klassenarbeit bekam.

Beachte: Es gibt nur must = muß (im Nebensatz auch mußte); Umschreibung mit have to (be compelled, forced, obliged to). Shall drückt ein Angebot oder einen Vorschlag aus. Ersatz: be to, be supposed to. Ought to ist etwas nachdrücklicher als should. Dare und need können auch Vollverben sein, werden aber meist als Hilfsverben (ohne to und ohne s in der 3. Pers. Sing.!) verwendet. Used to kommt nur im Präteritum vor.

Lösung: 1. You must work more; otherwise nothing becomes of you. 2. I had to learn all these words. 3. He knows exactly he'll have to learn more. 4. Have you already had to go home? 5. This homework must be done/has to be done. 6. I'm sure I must have seen this man somewhere. 7. Yesterday I had/was compelled, forced, obliged to take my aunt's suitcase to the station. 8. That will have to be done soon. 9. Shall I help you? 10. You should do/are to do that at once. 11. Should he accompany/is he to accompany you to America? 12. I must never lie. 13. The burglar has had to flee. 14. Suddenly I am supposed to know where he is. 15. You must not break this glass! 16. He dare not move (does not dare to move). 17. The boy, who stood at the door, should have greeted the teacher. 18. It is good not to have to run, but to be driven. 19. You need not help me; I do everything by myself. 20. He knows exactly he is (supposed) to help him/he should help him. 21. There used to be nicer houses there. 22. Tomorrow there'll be a little party; but you need not come, if you don't like. 23. The boy dare not tell/does not dare to tell his father about the bad mark which he got in the last test.

21. Alle modalen Hilfsverben/All modal auxiliary verbs

1. Diese Arbeit mußte sofort gemacht werden.
2. Die Kinder werden die nächsten Tage nicht ins Freie können, weil es zu stark geregnet hat.
3. Ich weiß, wir hätten das nicht tun dürfen.
4. Er braucht mir nicht zu helfen; ich kann leicht über den Fluß schwimmen.
5. Du hättest ihm sagen sollen, wie schlecht er im Englischen ist.
6. Er hätte zur Post gehen und das Paket abliefern sollen.
7. Irgendwie habe ich Italienisch lernen müssen.
8. Alle sagen: Ich soll wissen, wie das gemacht wird.
9. Du brauchst nicht besorgt zu sein; du wirst rechtzeitig ankommen.
10. Es war noch früh; wir brauchten uns nicht zu beeilen.
11. Ich wagte es nicht, dir das zu sagen.
12. Mußtest du dafür zahlen?
13. Ihr hättet sicher in die Stadt gehen dürfen.
14. Die Leute mußten das tun, nicht wahr?
15. Im Nichtraucher dürft ihr nicht rauchen.
16. Ich bin überrascht; seit wann kannst du Spanisch?
17. Der Brief hätte vielleicht gestern abgeschickt werden können.
18. Hast du eine Party geben dürfen?
19. Früher lebten wir in Bonn; jetzt sollen wir aufs Land gehen (ziehen).
20. Ich hoffe, ich werde morgen nicht früh aufstehen müssen.
21. Wirst du alle diese Bücher in 5 Wochen lesen können?
22. Mein Freund hätte mir gestern helfen sollen, aber er wollte nicht.
23. Ich muß sagen: Das war ein wunderbares Spiel.
24. Er könnte das natürlich schnell lernen, nicht wahr?
25. Ich weiß nichts Bestimmtes; er soll krank sein.

Lösung: 1. This work had to be done immediately. 2. The children will not be able to go (!) into the open air the next few days, because it has rained too much. 3. I know we wouldn't have been allowed to do that. 4. He need not help me; I can easily swim across the river. 5. You should have told him/ought to have told him how bad he is at English. 6. He should have gone to the post-office and delivered the parcel. 7. Somehow or other I have had to learn Italian. 8. All say: I am to know how it is done. 9. You need not be worried; you'll arrive in time. 10. It was still early; we didn't have to hurry. 11. I didn't dare to tell you. 12. Did you have to pay for that? 13. I'm sure you would have been allowed to go to town. 14. The people had to do that, didn't they? 15. You must not smoke in the nonsmoker. 16. I'm surprised; since when have you been able to speak Spanish? 17. The letter might have been dispatched yesterday. 18. Were you allowed to have a party? 19. We used to live in Bonn (= pflegten zu leben); now we are to move into the country. 20. I hope I won't have to get up early tomorrow. 21. Will you be able to read all these books in 5 weeks? 22. My friend should have helped me/ought to have helped me yesterday, but he did not want to. 23. I must say: That was a wonderful game. 24. Of course he could learn that quickly, couldn't he? 25. I know nothing definite; he is said to be ill. (Dies ist ein ganz anderes Sollen: Es wird von ihm – gerüchteweise – gesagt!)

22. Werden

Beachte: Es gibt im Deutschen 3 verschiedene Werden:
- Futur: Ich werde kommen. } Hilfsverb
- Passiv: Ich werde gesehen. }
- Selbständiges Verb: Ich werde Arzt / reich.

1. Wirst du mir helfen, wenn ich dich brauche?
2. In zwei Jahren werde ich schon in Amerika gewesen sein.
3. Hier können viele schöne Sachen gekauft werden.
4. Bei einer Party werden Würste und Kartoffeln gebraten.
5. Wenn das junge Mädchen zu spät heimkommt, wird es von den Eltern erwartet (werden).
6. Ich fürchte, es wird morgen sehr kalt werden.
7. Was wirst du einmal werden, wenn du die Schule beendet hast?
8. Mein Vater wäre gern reich geworden, aber er konnte nie viel Geld verdienen.
9. Als der Lügner sah, daß er entdeckt wurde, wurde er blaß.
10. Die Haare meines Großvaters sind über Nacht weiß geworden.
11. Ich merke, daß meine Eltern wirklich langsam alt werden.
12. Diese Sache ist nicht hier entschieden worden.
13. Es ist eine alte Regel, daß die Reichen reicher und die Armen ärmer werden.
14. Wenn der Zug nicht schneller fährt, werden wir zu spät ankommen.
15. Was werden wir heute abend essen?
16. Der Soldat wurde bestraft, weil er dem Befehl nicht gehorchte.
17. Vorher mußte ihm gesagt werden, was richtig und was falsch ist.
18. Wenn du stiehlst, wirst du erwischt.
19. Mein älterer Bruder studiert Mathematik; er will Professor werden.
20. Er hofft, daß seine Träume wahr werden.
21. Gestern ist mein Vater krank geworden.
22. Wenn du deine Briefe nicht versteckst, werden sie gefunden werden.
23. Du siehst heute ganz anders aus; was ist aus dir geworden?
24. Die Tennisspieler, die in Wimbledon gewannen, wurden alle berühmt.

Lösung: 1. Will you help me if I need you? 2. In two years I'll have been in America. 3. A lot of nice things can be bought here. 4. At a party sausages and potatoes are fried. 5. If the young girl comes home (too) late, she will be expected by her parents. 6. I'm afraid it'll get very cold tomorrow. 7. What are you going to become when you have finished school? 8. My father would have liked to get (become) rich, but he could never earn much money. 9. When the liar saw that he was found out he turned pale. 10. My grandfather's hair has turned white over night. 11. I realize that my parents are growing old, indeed. 12. That matter has not been decided here. 13. It is an old rule that the rich are getting richer and the poor are getting poorer. 14. If the train doesn't go faster, we'll arrive late. 15. What will we eat tonight? 16. The soldier was punished, because he didn't obey the order. 17. He had to be told before what was right and wrong. 18. If you steal, you'll be caught. 19. My elder brother studies mathematics; he wants to become a professor. 20. He hopes that his dreams will come true. 21. Yesterday, my father fell ill. 22. If you don't hide your letters, they will be found. 23. You look quite different today; what has become of you? 24. All tennis players who won in Wimbledon got (became) famous.

23. Infinitiv/Infinitive

Beachte: Infinitiv ohne to nach can, may, shall, will, must (aber: I ought to); ferner nach I had better (es wäre besser, wenn ich . . .) und I cannot but (ich muß unbedingt). Infinitiv passiv nach Formen von to be (he was nowhere to be seen); aber: it was easy to find (es steht ein Adjektiv dabei!). Infinitiv oder Gerund nach: begin, start, continue.

Bei see, hear, feel, notice, watch, observe: { Tatsache: Inf. ohne to / Verlauf: Gerund

Bei like, love, prefer, hate: { bei bestimmten Einzelfällen Infinitiv / bei Allgemeingültigkeit Gerund

1. Mein Vater blieb stehen, um das Spiel zu sehen.
2. Es macht mich glücklich, für diese Arbeit gelobt zu werden.
3. Warum sollten wir während des Urlaubs nicht zu Hause bleiben?
4. Das Buch war nirgends zu finden.
5. Es war keine Zeit zu verlieren.
6. Zimmer zu vermieten.
7. Die Sätze waren nicht leicht; sie waren schwer zu übersetzen.
8. Vor dem Buckingham Palast warten Mengen darauf, daß die Königin vorbeifährt.
9. Es ist ein gutes Gefühl zu wissen, daß man seine Hausaufgaben gemacht hat.
10. Mein Freund ist der erste, der zum Abendessen kommt, und der letzte, der aufsteht.
11. Niemand wußte, wie man dem Großvater diese Nachricht mitteilen sollte.
12. Ich war lange genug in England, um zu wissen, wie man Englisch spricht.
13. Sein oder Nichtsein, das ist die Frage.
14. Der Herzog befahl seinen Soldaten, die Schiffe zu zerstören.
15. Der Herzog befahl, die Schiffe zu zerstören. (Keine Angabe, wer es tun soll!)
16. Ich bin froh, daß ich den ganzen Tag nichts Wichtiges zu tun habe.
17. Selbstverständlich war das Essen im Restaurant zu bezahlen, ehe wir gingen.
18. Ich hatte zuwenig Geld, um in ein Restaurant zu gehen.
19. Das beste wäre, diesen Kerl in Ruhe zu lassen.
20. Das Kind ist zu jung, um das zu verstehen.

Lösung: 1. My father stopped to see the game. 2. It makes me happy to be praised for this work. 3. Why not stay at home during the holidays? 4. The book was nowhere to be found. 5. There was no time to be lost. (Umgangsspr. auch: There was no time to lose.) 6. Rooms to let. (Müßte eigentlich heißen: to be let!) 7. The sentences were not easy; they were difficult to translate. 8. In front of Buckingham Palace crowds are waiting for the Queen to pass. 9. It's a good feeling to know that one has done one's homework. 10. My friend is the first to come to dinner and the last to stand up. 11. Nobody knew how to tell Grandfather this news. 12. I was in England long enough to know how to speak English. 13. To be or not to be that is the question. 14. The Duke ordered his soldiers to destroy the ships. 15. The Duke ordered the ships to be destroyed. 16. I'm glad to have nothing important to do (during) the whole day. 17. Of course the meal had to be paid for in the restaurant, before we left. 18. I had too little money to go into a restaurant. 19. The best thing would be to leave this fellow alone. 20. The child is too young to understand that.

21. Admiral Nelson verkündete: »England erwartet, daß jeder Mann seine Pflicht tut.«
22. Ich dachte, daß er unschuldig sei.
23. Es wäre besser, wenn Jungen lernten, wann sie sprechen sollten und wann nicht.
24. Ich muß diesen Unternehmer unbedingt bewundern.
25. Der kleine Junge hatte nur einen Stock, um sich damit zu verteidigen.
26. Es ist keine Gefahr zu sehen.
27. Um zu dieser Sache zurückzukommen: Das muß so gemacht werden, wie ich sage.
28. Lieben und geliebt werden ist das Schönste, was auf Erden erlebt werden kann.
29. Irren ist menschlich, Vergeben göttlich.
30. Ich glaube, es ist Zeit, daß ich gehe.
31. Wir essen, um zu leben, aber wir leben nicht, um zu essen.
32. Der nächste Schwimmer, der das Ufer erreichte, war mein Freund.
33. Der Schulleiter wählte zwei Kollegen aus, die mit ihm kommen sollten.
34. Die wichtigste Lektion, die zu lernen ist, ist, ein guter Verlierer zu sein.
35. Ich wäre der erste gewesen, der dir geholfen hätte.
36. Es wäre besser, wenn du mehr lernen würdest.
37. Es regnet; deshalb bleibe ich lieber zu Hause.
38. Der Lehrer wollte wissen, ob er die Regeln wiederholen sollte.
39. Ich fürchte, ich kann dir beweisen, daß ich das getan habe.
40. Er stellt sich vor, daß er ein großer Redner ist.
41. Ich war zu müde, um bis zum Gipfel des Berges zu steigen.
42. Wir haben dieses Buch gekauft, um Englisch zu lernen.
43. Um offen zu reden: So kann man es nicht machen.
44. Könntest du so gut sein und mir eine Flasche Bier holen?
45. Fred hat gut gespielt, um ein Beispiel herauszugreifen.

Lösung: 21. Admiral Nelson announced: "England expects every man to do his duty." 22. I thought him to be innocent. 23. Boys had better learn when to speak and when not. 24. I cannot but admire this employer. 25. The little boy had only a stick to defend himself with. 26. There is no danger to be seen. (Umgangsenglisch: ... to see) 27. To return to this matter: That has to be done as I say. 28. To love and to be loved is the most beautiful thing to be experienced on earth. 29. To err is human, to forgive divine. 30. I think it's time for me to go. 31. We eat (in order) to live, but we don't live (in order) to eat. 32. The next swimmer to reach the bank was my friend. 33. The headmaster (am. principal) chose two colleagues to come with him. 34. The most important lesson to be learnt is to be a good loser. 35. I would have been the first to help you. 36. You had better learn more. 37. It's raining; therefore I prefer to stay at home. 38. The teacher wanted to know whether to repeat the rules. 39. I'm afraid I can prove to you to have done that. (Umgangsengl.: ... that I have done that.) 40. He imagines himself to be a great orator. (Umgangsengl.: ... that he is ...) 41. I was too tired to climb to the very top of the mountain. 42. We have bought that book (in order) to learn English. 43. To be frank: Things cannot be done like that. 44. Would you be so kind as to fetch me a bottle of beer? 45 Fred has played well, to take an example.

24. Gerund

1. (Das) Reisen ist nicht immer ein Vergnügen.
2. Mein Lieblingszeitvertreib ist immer das Lesen von Romanen gewesen.
3. Briefmarken sammeln ist ein lehrreiches Hobby.
4. Bitte entschuldige, daß ich so spät komme.
5. Ich genieße es, in meinem Zimmer zu sein und Radio zu hören.
6. Mein Freund geht gar nicht gerne zum Zahnarzt.
7. Hör auf, so zu weinen!
8. Bill mag es nicht, die ganze Zeit zu Hause zu bleiben.
9. Warum lachst du dauernd so?
10. Es bestand Gefahr, daß er von der Polizei mit einer Geldstrafe belegt wurde.
11. Einige alte Männer sind scharf darauf, Whisky zu trinken.
12. Meiner Mutter macht es keinen Spaß, Leute zum Abendessen einzuladen.
13. Du solltest aufhören, den ganzen Tag Klavier zu spielen.
14. Das Leben ist es wert, daß man es lebt und dafür arbeitet.
15. Ich fürchte, es besteht nicht viel Hoffnung, daß wir den Zug erwischen.
16. Bitte entschuldige, daß ich dich unterbreche!
17. Ich freue mich darauf, ihn zu sehen.
18. Dieser Bericht ist es durchaus wert, daß man ihn liest.
19. In Schottland hat man sicher eine Gelegenheit, die Nationaltracht zu sehen, den Kilt.
20. Hör zu rauchen auf! Es zerstört deine Lunge.
21. Es ist ganz klar, wir werden den Rasen weiterhin bewässern müssen.
22. Der Geschäftsführer hat es nicht gerne, alle 5 Minuten gestört zu werden.
23. Er konnte es nicht ertragen, daß man ihn warten ließ.
24. Es kümmert mich nicht, daß ich nur ein altes Auto habe.
25. Könntest du mich daran erinnern, daß ich meiner Tante einen Brief schreibe?

Beachte: Das Gerund steht nach
admit = zugeben, consider = erwägen, finish = beenden, practise = üben, appreciate = schätzen, delay = aufschieben, give up = aufgeben, avoid = vermeiden, deny = leugnen, mention = erwähnen, suggest = vorschlagen

Lösung: 1. Travelling is not always a pleasure. 2. My favourite pastime has always been reading novels. 3. Collecting stamps/the collecting of stamps is an instructive hobby. 4. Please excuse my being so late. 5. I enjoy being in my room and listening to the radio. 6. My friend dislikes going to the dentist's. 7. Stop crying like that! 8. Bill hates staying at home all the time. 9. Why do you keep laughing like that? 10. There was a danger of his being fined by the police. 11. Some old men are keen on drinking whisky. 12. My mother does not enjoy inviting people for dinner. 13. You should stop playing the piano all day long. 14. Life is worth living and working for. 15. I'm afraid there isn't much hope of our catching the train. 16. Please excuse my interrupting you. 17. I'm looking forward to seeing him. 18. This report is very well worth reading. 19. There is surely a chance/an opportunity of seeing the national costume, the kilt, in Scotland. 20. Give up/stop smoking! It destroys your lungs. 21. It goes without saying, we'll have to continue watering the lawn. 22. The manager dislikes being disturbed every five minutes. 23. He couldn't stand being kept waiting. 24. It doesn't worry me having only an old car. 25. Could you remind me to write a letter to my aunt?

26. Vater arbeitet gewöhnlich an Sonntagen.
27. Der Verbrecher leugnete, den Mann getötet zu haben.
28. Ich schätze es, daß mir von dir geholfen wird.
29. Er weiß nicht, wann es ihm gelingen wird, die Prüfung zu bestehen.
30. Es gelang ihm, den Ball so weit zu werfen.
31. Endlich ist es mir gelungen, das schönste Fahrrad zu bekommen.
32. Haben Sie etwas dagegen, wenn ich Sie ins Wasser werfe?
33. Ich habe nichts dagegen, daß ich mit dir gesehen werde.
34. Er hatte nichts dagegen, so viel Geld zu gewinnen.
35. Hätten Sie etwas dagegen, daß ich das Fenster öffne?
36. Wir haben nichts dagegen, daß der Hund unsere Äpfel frißt.
37. Ich habe nichts dagegen, daß du meine Bücher ausborgst, aber ich habe sehr viel dagegen, daß du sie nicht zurückgibst.
38. Er hat nichts dagegen, meine Sachen zu tragen.
39. Letztes Jahr hatte ich eine günstige Gelegenheit, nach Italien zu reisen.
40. Ich hätte nichts dagegen, ein Ei zum Frühstück zu bekommen.
41. Es lohnt sich, viele Bücher zu lesen.
42. Du sprichst so laut, daß ich unbedingt hören muß, was du sagst.
43. Der Junge dachte nicht im entferntesten daran, seine Hausaufgaben zu machen.
44. Dieses Auto muß dringend gewaschen werden.
45. Meine Mutter kocht außergewöhnlich gut.
46. Statt Geld zu sparen, gab er es in einem Gasthaus aus.
47. Meiner Mutter gelang es, das Auto in die Garage zu fahren.
48. Ich entschuldigte mich beim Wirt, daß ich die Flasche zerbrochen hatte.
49. Er freut sich darauf, dich zu treffen.
50. Ohne gewissenhaft zu lernen, kann man keine guten Noten bekommen.

Lösung: 26. Father is used to working on Sundays. 27. The criminal denied having killed the man. 28. I appreciate being helped by you. 29. He does not know when he will succeed in passing the exam. 30. He succeeded in throwing the ball as far as that. 31. At last I have succeeded in getting the finest bike. 32. Do you mind my/me throwing you into the water? 33. I don't mind being seen with you. 34. He didn't mind winning such a lot of money. 35. Would you mind me/my opening the window? 36. We don't mind the dog/dog's eating our apples. 37. I do not mind your borrowing my books, but I do mind your not returning them. 38. He doesn't mind carrying my things. 39. Last year I had an opportunity of travelling to Italy. 40. I wouldn't mind getting an egg for breakfast. 41. It's worthwhile reading a lot of books. 42. You are talking so loud that I cannot help hearing what you are saying. 43. The boy didn't give a thought to doing his homework. 44. This car badly needs washing. 45. My mother is extremely good at cooking. 46. Instead of saving money he spent it in an inn. 47. My mother succeeded in driving the car into the garage. 48. I apologized to the innkeeper for breaking the bottle. 49. He is looking forward to meeting you. 50. Without learning diligently you cannot get good marks.

25. Partizip/Participle

1. Kochendes Wasser hat ziemlich genau 100 Grad.
2. Wenn ich genug Geld hätte, würde ich ein gut gebautes Haus kaufen.
3. Geröstete Kartoffeln sind ein gutes Gericht.
4. Bellende Hunde beißen nicht.
5. Ein schnell fliegender Vogel kann es mit einem Auto aufnehmen.
6. In den Slums der Vorstädte lebende Kinder sind meist schmutzig.
7. Als mich der Junge sah, kam er gelaufen.
8. In Südamerika gibt es fleischfressende Pflanzen.
9. Die jungen Leute blieben im Warteraum sitzen.
10. Das von meinem Onkel gekaufte Haus ist schöner als das Haus meiner Eltern.
11. John betrat mein Zimmer und lächelte glücklich.
12. Zu schnell geschriebene Hausaufgaben enthalten oft viele Fehler.
13. Verlorene Sachen kann man manchmal im Fundbüro bekommen.
14. Hast du ein von mir beschriebenes Blatt Papier genommen?
15. Ich sah, wie ein Mann über den Fluß schwamm und gegen die Strömung kämpfte.
16. Brüllende Kinder können ein Ärgernis sein.
17. Einmal ausgegebenes Geld kann man nicht nochmals ausgeben.
18. Auf dem Spielplatz waren viele spielende und laufende Kinder.
19. Man kann nicht den Kuchen essen und ihn haben.
20. Gebissene Postboten werden vorsichtig.
21. Bei so leicht verdientem Geld bekommt jeder hier gern einen Job.
22. Der von mir ertappte Einbrecher bekam einen Schock und rannte fort.
23. Die Schulkinder kamen auf mich zugesprungen.
24. Ein geschlagener Feind kann ein gefährlicher Feind sein.
25. Meine Hausfrau gab mir einen geöffneten Brief.
26. Angenommen, du hast viel Zeit, würdest du mir helfen?

Lösung: 1. Boiling water has approximately 100 degrees. 2. If I had enough money, I'd buy a well built house. 3. Fried potatoes are a good dish. 4. Barking dogs don't bite. 5. A fast flying bird can compete with a car. 6. Children living in the slums of the suburbs are mostly filthy. 7. When the boy saw me, he came running. 8. In South America there are plants eating meat (carnivorous plants). 9. The young people remained sitting in the waiting-room. 10. The house bought by my uncle is nicer than my parents' house. 11. John entered my room smiling happily. 12. Homework written too quickly often contains a lot of mistakes. 13. Sometimes you can get lost things in the lost property office (am. lost and found office). 14. Have you taken a piece of paper written on by me? 15. I saw a man crossing the river and fighting the current. (I saw him running off = . . ., **wie** er fortlief; I saw him run off = . . ., **daß** er fortlief.) 16. Roaring children can be a nuisance. 17. You cannot spend money already spent. 18. In the playground there were a lot of children playing and running. 19. You cannot eat your cake and have it. 20. Postmen once bitten become careful. 21. With money earned so easily everybody is pleased to get a job here. 22. The burglar caught by me got a shock and ran away. 23. The schoolchildren came jumping toward me. 24. A beaten enemy can be a dangerous enemy. 25. My landlady gave me an opened letter. 26. Supposing you have a lot of time, would you help me?

26. Lassen

Beachte: Zulassen (erlauben): to let ohne to; to allow mit to
Veranlassen (befehlen): to make ohne to; to order/tell mit to
(Meist) handwerkliche Dienstleistung: have + Partizip Perfekt in besonderer Stellung

1. Der Richter läßt den Angeklagten aufstehen.
2. Mein Vater läßt mich jeden Samstag in die Disko gehen.
3. Im letzten Jahr ließ er mich nach Amerika fliegen.
4. Aber er läßt mich das Geld selbst verdienen.
5. Der verrückte General ließ seine Truppen angreifen.
6. Laß den Hund nicht los! Das kann gefährlich sein.
7. Leben und leben lassen ist ein guter Rat.
8. Ich habe das Auto repariert./Ich lasse das Auto reparieren./Ich werde das Auto reparieren lassen./Ich ließ es reparieren./Ich habe es reparieren lassen.
9. Laß mich dir helfen!
10. Dein Benehmen läßt viel zu wünschen übrig.
11. Jetzt weiß ich, wo ich gestern meinen Koffer gelassen habe.
12. Laßt uns überlegen, wie wir das machen!
13. Ich bin sicher, du hast deine Geldbörse zu Hause gelassen.
14. Du Faulpelz läßt deine Hausaufgabe von deiner Schwester machen.
15. Ein Auto reparieren zu lassen kostet normalerweise viel Geld.
16. Mutti, warum läßt du mich den ganzen Tag Latein lernen?
17. Reden wir doch nicht immer diesen Unsinn!
18. Der Millionär läßt sich ein wunderschönes Haus bauen.
19. Warum hast du mich so lange warten lassen?
20. Der General ließ die Gefangenen erschießen.
21. Bitte laß mich jetzt nicht im Stich!
22. Warum läßt du mich nicht in Ruhe?
23. Mein Vater ließ mich zwei Stunden Englisch lernen, aber er ließ mich am Abend zu Jims Party gehen.

Lösung: 1. The judge makes the defendant stand up/orders . . . to stand up. 2. Every Saturday my father lets me go/allows me to go to the disco. 3. Last year he let me fly to America. 4. But he makes me earn the money myself. 5. The crazy general made his troops attack. 6. Don't let the dog loose! That can be dangerous! 7. To live and to let live is a good piece of advice. 8. I have repaired the car./I have (get) the car repaired./I'll have the car repaired./I had it repaired./I have had it repaired. 9. Let me help you! 10. Your behaviour leaves much to be desired. 11. Now I know where I left my suitcase yesterday. 12. Let's consider how to do that. 13. I'm sure you have left your purse at home. 14. You lazybones make your sister do your homework. 15. To have a car repaired normally costs a lot of money. 16. Mum, why do you make me learn Latin the whole day? 17. Let's not always talk that nonsense! 18. The millionaire is having a wonderful house built. 19. Why have you kept me waiting so long? 20. The general ordered the prisoners to be shot. 21. Please, don't leave me in the lurch now!/Don't let me down now! 22. Why don't you leave me alone? 23. My Dad made me learn English for two hours, but he allowed me to go to Jim's party in the evening.

27. Reflexive Verben/Reflexive verbs

1. Wenn ich vor einem Spiegel stehe, kann ich mich sehen.
2. Schau dich an! Du wirst überrascht sein.
3. Die gefangenen Soldaten konnten sich befreien.
4. Die Tennisspieler beobachteten sich (= einander, einer den andern), um herauszufinden, wie sie reagieren sollten.
5. Bitte bedienen Sie sich und nehmen Sie noch ein Stück Kuchen!
6. Es ist schön, daß du dich durch gute Noten ausgezeichnet hast.
7. Letztes Jahr schloß ich mich zwei Klassenkameraden an, um eine Tour zu machen.
8. Hast du nie gelernt, dich zu benehmen?
9. Als ich mit ihr sprechen wollte, wandte sie sich um.
10. Worum handelt es sich?
11. Meistens macht es sich bezahlt, hart zu arbeiten.
12. Darf ich mich vorstellen? Ich bin ein Student aus Japan.
13. Wir konnten uns nicht verständlich machen.
14. Wer sich hier amüsiert, wird bald müde werden.
15. Es gibt verschiedene Arten, sich zu verteidigen, wenn man angegriffen wird.
16. Er weigerte sich, sich wegen seiner Rücksichtslosigkeit zu entschuldigen.
17. Verstecken wir uns hinter diesem Baum!
18. Ich weiß nicht, wie ich mich gestern am Knie verletzte; es blutet.
19. Austauschschüler sollten sich bemühen, gute Botschafter ihres Landes zu sein.
20. Ich kann es mir nicht leisten, so viel Zeit zu verlieren.
21. Bitte erinnere dich an unser erstes Treffen! War es nicht schön?
22. Vor fünf Jahren hat sich hier ein ernster Unfall ereignet.
23. Ich wollte mich hinlegen, aber der Hund ließ mich nicht in Ruhe.
24. Deine Tante ist reich; verlaß dich auf sie! Sie wird dir helfen.

Beachte: Kein -self/-selves u.a. bei: apologize, behave, change, differ from, happen, lie down, rely on, remember, rise, sit down; oft auch nicht bei: dress, wash, hide, shave.

Lösung: 1. When I stand in front of a mirror, I can see myself. 2. Have a look at yourself! You will be surprised. 3. The captured soldiers could liberate themselves. 4. The tennis players watched each other to find out how to react. 5. Please help yourself and take another piece of cake! 6. It's fine that you distinguished yourself by good marks. 7. Last year I joined two classmates to make a tour. 8. Haven't you ever learned to behave? 9. When I wanted to talk to her, she turned round. 10. What is it all about? 11. Mostly it pays off to work hard. 12. May I introduce myself? I am a student from Japan. 13. We couldn't make ourselves understood. 14. Who amuses/enjoys himself here will soon get tired. 15. There are several ways of defending oneself when attacked. 16. He refused to apologize for his recklessness. 17. Let's hide behind that tree! 18. I don't know how I hurt my knee yesterday; it's bleeding. 19. Exchange students should endeavour to be good messengers of their country. 20. I can't afford to lose so much time. 21. Please remember our first date! Wasn't it wonderful? 22. Five years ago a serious accident occurred here. 23. I wanted to lie down, but the dog did not leave me alone. 24. Your aunt is rich; rely on her! She'll help you.

28. Man

Beachte: Es gibt einige Möglichkeiten: one, people, we, you, they, Passiv, Gerund (there was dancing and singing = man tanzte und sang); man suche die jeweils beste heraus.

1. Man kann ein Buch nicht in einigen Wochen schreiben.
2. In Italien kann man viele alte Städte sehen.
3. In diesem Restaurant ißt man sehr gut.
4. Man muß wissen: In solch einem Laden kauft man billig ein.
5. So etwas tut man einfach nicht.
6. Wo man singt, da laß dich nieder.
7. Gib acht, daß man dich nicht sieht, wie du eine Zigarette wegwirfst!
8. Man kann den Pudding nicht essen und ihn dann noch haben.
9. Wenn man den halben Tag schläft, kann man sich abends in der Disko amüsieren.
10. Wir gingen in die Disko, und dann tanzte man den ganzen Abend.
11. Wenn man einen Mann liebt, könnte man ihn vielleicht heiraten.
12. Du fühlst dich krank; muß man den Doktor holen?
13. Man sollte nicht immer warten, was die anderen tun.
14. Hier kann man ein gutes Frühstück haben.
15. Die schönsten Frauen kann man in Paris sehen.
16. In Deutschland arbeitet man härter als in Frankreich.
17. Man sollte nie vergessen, wie kurz das Leben ist.
18. Hier kann man Kartoffeln haben.
19. Wenn man nicht gesehen werden will, darf man nicht auf die Straße gehen.
20. Man sollte ein Auto gut behandeln, wenn man es lange haben will.
21. Wenn man in einer fremden Stadt ist, muß man oft nach dem Weg fragen.
22. Morgen ißt man hier umsonst, heute muß man zahlen.
23. Man muß vorsichtig sein, wenn man ein Auto fährt.
24. Man kann seinen Weg in einer Großstadt leicht verlieren.

Lösung: 1. You can't write a book/a book can't be written in a couple of weeks. 2. In Italy a lot of old cities are to be seen. 3. In this restaurant people eat very well. 4. You must know: In a shop like that you buy cheap. 5. A thing like that is not done. 6. Where people sing, you may settle down. 7. Watch out that you are not seen throwing away a cigarette! 8. You can't eat the pudding and still have it. 9. When one sleeps half the day one can amuse oneself in the disco in the evening. 10. We went into the disco and then we danced during the whole evening. 11. If you love a man, you might perhaps marry him. 12. You feel sick; must the doctor be sent for? 13. People/one should not always wait for what the others do. 14. A good breakfast is to be had here. 15. You/we/they can see the most beautiful women in Paris./The most b. w. can be seen . . . 16. In Germany people work harder than in France. 17. One should never forget how short life is. 18. Potatoes are to be had here./You can have . . . 19. If you don't want to be seen, you must not go into the street. 20. A car should be treated well, if one wants to have it for a long time. 21. If one is in a foreign town, one must often ask one's way. 22. Tomorrow you'll eat free (of charge) here, today you must pay. 23. One must be careful when driving a car. 24. It's easy to lose one's way in a big town.

29. Wiederholung der Zeiten und Hilfsverben/ Revision of the tenses and auxiliaries

1. Hätten Sie das nicht gewußt?
2. Wenn ich diesen Job bekommen hätte, wäre ich ein reicher Mann geworden.
3. Ich hätte das schönste Mädchen der Stadt heiraten können.
4. Niemand hätte mich gefragt, ob das von mir erreicht werden kann.
5. Man sollte den Jungen in Ruhe lassen, bis er älter wird.
6. Würden Sie mir bitte zeigen, wie dies gemacht werden soll?
7. Wer hat diesen Artikel übersetzen müssen?
8. Warum hat das getan werden müssen?
9. Wann und von wem ist der Einbrecher gesehen worden?
10. Der Vertrag hätte von den Außenministern schon lange unterzeichnet werden müssen.
11. Wer bereitete den Entwurf für dieses Abkommen vor?
12. Alle Probleme müssen genügend diskutiert werden.
13. Erhebt jemand Einspruch gegen diese Vorschläge?
14. Nachdem der Gesandte vom Präsidenten empfangen worden war, setzten sich beide zu einem zwanglosen Gespräch nieder.
15. In drei Tagen werden die Journalisten die Welt über die Ergebnisse informiert haben.
16. Es wird keine Alternative geben; die Konferenz muß unbedingt ein Erfolg sein.
17. Zuallererst werden die Teilnehmer des runden Tisches der Presse vorgestellt.
18. Es gab viel Kommen und Gehen, bevor die Versammlung vom Vorsitzenden eröffnet wurde.
19. Wir hoffen, daß die Abgeordneten eine durchführbare Lösung werden finden können.
20. Es sollte der Versammlung gelingen, die strittigsten Fragen zu regeln.
21. Kann solch eine Möglichkeit ins Auge gefaßt werden?
22. Jeder Abgeordnete soll wissen, daß er der ganzen Nation verantwortlich ist.

Lösung: 1. Wouldn't you have known that? 2. If I had got that job, I'd have become a rich man. 3. I could have married/would have been able to marry the most beautiful girl of the town. 4. Nobody would have asked me, if that can be reached by me. 5. The boy should be left alone till he gets older. 6. Would you please show me how that is done? 7. Who has had to translate this article? 8. Why has that had to be done? (Wirkt konstruiert. Besser: Why was it necessary to do that?) 9. When and by whom has the burglar been seen? 10. The treaty would have had to be signed by the foreign ministers long ago. 11. Who prepared the draft for that agreement? 12. All problems have to be discussed sufficiently. 13. Does anybody object to these proposals? 14. After the ambassador had been received by the president, both sat down for an informal talk. 15. In three days the journalists will have informed the world about the results. 16. There won't be an alternative; the conference is bound to be a success. 17. First of all the participants of the round table are introduced to the press. 18. There was much coming and going before the meeting was opened by the chairman. 19. We hope that the representatives will be able to find a feasible solution. 20. The assembly should succeed in settling the most controversial questions. 21. Can such a possibility be envisaged? 22. Every MP (Member of Parliament) is to know that he is responsible to the whole nation.

30. Have

Beachte: Have wird als Vollverb umschrieben mit to do
- bei bestimmten Ausdrücken, wie to have dinner . . .
- in der Bedeutung von müssen
- in der Bedeutung von (machen) lassen
- bei verneintem Imperativ

Have wird nicht umschrieben mit to do
- in der Bedeutung von besitzen (umgangsspr. oft umschrieben!)
- als Hilfsverb in den zusammengesetzten Zeiten

1. Bin ich zu früh gekommen?
2. Er hat kein Klavier.
3. Wann frühstückt die Familie gewöhnlich?
4. Haben deine Eltern wirklich vier Hunde?
5. Da ich das Motorrad nicht länger als ein Jahr gehabt hatte, war ich erstaunt, daß ich mit ihm vor einer Woche eine Panne hatte.
6. Bist du geschwommen, als es gestern nachmittag so heiß war?
7. Wir bedienten uns nicht ein zweitesmal, weil das Fleisch schlecht schmeckte.
8. Muß dein Bruder immer so viel arbeiten?
9. Ich habe mein ganzes Leben kein Fahrrad gehabt.
10. Sie mußten das nicht tun.
11. Du warst sicher nicht mit mir in England.
12. Warum lassen Sie das Auto nicht vom Mechaniker reparieren?
13. Nun schau! Dein Großvater hat keinen Sitzplatz.
14. Hast du dich nicht gestern abend gebadet?
15. Habt ihr ein Telefon?
16. Ich schaute mir jene komischen Wachsfiguren nicht an.
17. Lassen Sie Ihr Haus nicht von dieser Firma bauen!
18. Haben Sie nicht gestern Ihr Auto reparieren lassen?
19. Deine Schwiegermutter ist hier; sie ist noch nicht fortgegangen.
20. Haben Sie nicht so viele Bedenken!
21. Wäre es nicht besser, wenn du jetzt aufstehst?
22. Wir frühstückten nicht zu spät.

Lösung: 1. Have I come too soon? 2. He hasn't (got) a piano. (Umgangsspr.: He doesn't have a p.) 3. When do the family usually have breakfast? 4. Have your parents really (got) four dogs? 5. Since I had not had the motorbike longer than one year, I was astonished that it broke down one week ago. 6. Did you have a swim, when it was so hot yesterday in the afternoon? 7. We didn't have a second helping, because the meat tasted bad. 8. Does your brother always have to work so much? 9. I haven't had a bike in my whole life. 10. You (they) didn't have to do that. 11. I'm sure you haven't been to England with me. 12. Why don't you have the car repaired by the mechanic? 13. Now look! Your grandfather hasn't (got)/doesn't have a seat. 14. Didn't you have a bath last night? 15. Have you (got) a telephone? (Umgangsspr.: Do you have . . .? Amerikanisch: You got a t.?) 16. I didn't have a look at those* funny wax figures. 17. Don't have your house built by that* firm! 18. Didn't you have your car repaired yesterday? 19. Your mother-in-law is here; she hasn't left yet. 20. Don't have so many scruples! 21. Hadn't you better get up now? 22. We didn't have breakfast too late.

*) This/these wird im Englischen selten verwendet; dafür that/those.

31. Adjektive - Steigerung/Adjectives - comparison

Beachte: Einsilbige Adjektive hängen -er/-est an: great - greater - greatest, nice - nicer - nicest, big - bigger - biggest;
Adjektive mit mehr als zwei Silben steigern mit more/most: comfortable - more c. - most c., attractive - more a. - most a;
zweisilbige Adjektive nehmen meist more/most: famous - more f. - most f., modern - more m. - most m.;
zweisilbige Adjektive auf -y hängen -er/-est an: easier - easiest;
folgende zweisilbige Adjektive schwanken: able, bitter, clever, common, handsome, pleasant, quiet, solid, stupid.

1. Die Reichen sollten Geld für die Armen geben.
2. Wir müssen unterscheiden zwischen Gut und Böse.
3. Diese Woche war das Wetter schöner als in der vorhergehenden Woche.
4. Das sind jetzt die schönsten Tage des Jahres.
5. Eine Reise mit dem Flugzeug ist anziehender als mit dem Bus.
6. Ich bin jetzt so groß wie mein Vater.
7. München ist nicht so groß wie Wien.
8. Vor dem Bus war eine endlose Schlange; sie war so lang wie ein Eisenbahnzug.
9. Gib acht! Das ist das gefährlichste Stück der Straße.
10. In Amerika leben die reichsten Leute in den schönsten Landschaften und in den bequemsten Villen.
11. Das ist der höflichste Mann, den ich kenne.
12. Die schönsten jungen Frauen wollen Miss World werden.
13. Ein Elefant ist etwas schwerer als ein Pferd.
14. Das hübscheste Mädchen dieser Gruppe ist meine Tochter.
15. Die heutige Hausaufgabe ist schwerer als die von gestern.
16. Je lauter der Lehrer schrie, um so mehr lärmte die Klasse.
17. Der Junge war nicht so leicht, wie ich dachte; ich konnte ihn kaum heben.
18. Die Engländer sind meistens gute Sportsleute.
19. Diese Bleistifte sind zu hart; haben Sie nicht weichere?
20. Meine zweite Tochter ist ein bißchen größer als ich.

Lösung: 1. The rich should give money for the poor. 2. We must distinguish between good and evil. 3. This week the weather was nicer than in the previous week. 4. Those are the finest days of the year now. 5. A journey by plane is more attractive than by bus. 6. Now I am as tall as my father. 7. Munich is not as (so) large (big) as Vienna. 8. In front of the bus there was an endless queue; it was as long as a railway train. 9. Watch out! That's the most dangerous piece of the road. 10. In America the richest people live in the most beautiful landscapes and in the most comfortable villas. 11. That's the politest man I know. 12. The most beautiful young ladies want to become Miss World. 13. An elephant is somewhat heavier than a horse. 14. The prettiest girl of this group is my daughter. 15. The homework of today is more difficult than the one of yesterday. (Today's h. is more d. than yesterday's.) 16. The louder the teacher shouted, the noisier the class became. 17. The boy was not as light as I thought; I could hardly lift him. 18. The English are mostly good sportsmen. 19. These pencils are too hard; haven't you got any softer ones? 20. My second daughter is a bit taller than I am/than me.

32. Adjektive - unregelmäßige Steigerung/Adjectives - irregular comparison

1. Diese Schuhe sind mir zu groß; ich möchte die kleineren.
2. Wir jungen Leute haben ein (!) besseres Leben als unsere Großeltern.
3. Das war der schlimmste Krieg, den es je gegeben hat.
4. Sie können hier Lexika aller europäischen Sprachen haben; weitere haben wir nicht.
5. Wann kommt der nächste Zug von Berlin an?
6. Wo ist die nächste Bushaltestelle?
7. Mein Bruder und sein Freund gingen in die Berge; der letztere ist ein guter Kletterer.
8. Von München nach San Francisco ist eine weitere Reise als nach New York.
9. Möchtest du noch weitere Einzelheiten wissen?
10. Das Leben in Europa ist weniger hart als im heißen Afrika.
11. Die Äpfel, die du gekauft hast, sind die schlechtesten, die ich je gegessen habe.
12. Ich glaube nicht, daß er weniger intelligent ist als ich.
13. In den nächsten Monaten werde ich viel arbeiten müssen.
14. Nach Rom, das ist die weiteste Strecke, die ich geradelt bin.
15. Am letzten Tag des Jahres schaue ich auf die Reisen im Sommer zurück.
16. Können Sie mir den kürzesten Weg zum Bahnhof zeigen?
17. Deine Handschrift wird immer schlechter.
18. Haben Sie die letzten Nachrichten gehört?
19. Der Patient war viel kränker, als der Arzt annahm.
20. Je mehr er spricht, desto besser wird sein Französisch.
21. Max ist der älteste Schüler dieser Klasse.
22. Seine älteste Schwester studiert Medizin.
23. Mein Vater ist fünf Jahre älter als meine Mutter.

Lösung: 1. These shoes are too big for me; I'd like to have the smaller ones. 2. We young people have better lives than our grandparents. 3. That was the worst war which there ever has been. 4. You can have dictionaries of all European languages here; we haven't got any further ones. 5. When is the next train due from Berlin?/When does the next train arrive from Berlin? 6. Where is the nearest bus stop? 7. My brother and his friend went to the mountains; the latter is a good climber. 8. From Munich to San Francico is a farther journey than to New York. 9. Would you like to know any further details? 10. Life in Europe is less hard than in hot Africa. 11. The apples you bought are the worst (which) I have ever eaten. 12. I don't think he is less intelligent than me. 13. During the next few (!) months I'll have to work a lot. 14. To Rome, that's the farthest stretch I cycled. 15. On the last day of the year I look back to the journeys in summer. 16. Can you show me the nearest (shortest) way to the station? 17. Your handwriting is getting worse and worse. 18. Have you heard (did you hear) the latest news? 19. The patient was much worse than the doctor assumed. 20. The more he speaks, the better his French becomes. 21. Max is the oldest pupil of this class. 22. His eldest sister studies medicine. 23. My father is five years older than my mother.

33. Ursprüngliche Adverbien/Original adverbs

1. In unserem Wohnzimmer gibt es einen großen Tisch; darunter liegt oft der Hund, und darüber hängt eine Lampe.
2. Weil unser Garten groß ist, essen wir oft draußen.
3. Wenn ich lerne, bleibe ich lieber drinnen.
4. Auf dem Dach oben haben wir eine Antenne.
5. Die Küche ist unten im Erdgeschoß; das Schlafzimmer der Eltern ist oben.
6. Meine älteste Schwester schläft manchmal anderswo.
7. Mutter fragt dann manchmal: »Woher kommst du und wohin gehst du?«
8. Natürlich ist meine Schwester überhaupt nicht beleidigt.
9. Vorne haben wir einen kleinen Garten; der Obstgarten ist hinten.
10. Wenn ich von der Schule komme, esse ich erst; hernach mache ich meine Hausaufgaben.
11. Wenn ich viel lernen muß, werde ich nach und nach müde.
12. Den Fernseher schalte ich erst am Abend ein.
13. Vater sagt mir immer: »Schau nicht zuviel!«
14. Ich war sehr überrascht, daß er sich für Fußball interessiert.
15. Vor zwei Wochen kauften wir noch einen Apparat.
16. So kann jeder sehen, was er mag.
17. Meine Mutter war allerdings nicht zufrieden.
18. Vater protestierte: »Der zweite Apparat kostete doch eine Menge Geld.«
19. Er hat sogar einen extra großen gekauft; das ist der größte, den ich je gesehen habe.
20. Außerdem ist Mutter an den Abenden sowieso wenig im Haus.
21. Sie sagt: »Diese Stadt hat noch mehr zu bieten als bloß euer Heimkino.«
22. Sie hat recht; ich bin z.B. noch nicht oft in der Oper gewesen.
23. München hat noch dazu das beste Orchester in ganz Deutschland.

Lösung: 1. In our living room there is a big table; the dog often lies underneath, and above it there hangs a lamp. 2. Because our garden is large, we often eat outside. 3. When I'm learning I prefer to stay inside. 4. On the top of the roof we have an aerial. 5. The kitchen is down on the ground floor; the parents' bedroom is upstairs. 6. Sometimes my eldest sister sleeps somewhere else. 7. Then Mother sometimes asks: "Where do you come from and where do you go?" 8. Of course my sister is not offended at all. 9. In front we have a small garden; the orchard is at the back (rear). 10. When I come from school, I eat at first; afterwards I do my homework. 11. When I have much to learn, I'm getting tired little by little. 12. I don't switch on the TV set until the evening. 13. Father always says to me: "Don't watch too much!" 14. I was greatly surprised that he is interested in football (soccer). 15. Two weeks ago we bought another (one more) set. 16. Thus everybody can see what he likes. 17. My mother was not satisfied, though. 18. Father protested: "The second set did cost a lot of money." 19. He even bought an extra big one; that's the biggest I have ever seen. 20. Besides Mother is little at home in the evenings anyway. 21. She says: "This town has even more to offer than only your home movie." 22. She is right; I for one have not often been in the opera. 23. Munich has the best orchestra in the whole of Germany at that.

Ursprüngliche Adverbien/Original adverbs

24. Die Gefahren auf den Straßen werden immer größer.
25. Das Auffällige ist durchaus nicht, daß immer mehr Straßen gebaut werden müssen.
26. Die Verkehrsstaus wurden in den letzten Jahren immer schlimmer.
27. Die Leute meinen, irgendwie wird das schon gehen.
28. Wenn man am Wochenende wenig Verkehr haben will, muß man schon um 5 Uhr fortfahren.
29. Mein Freund war schon um halb fünf weg.
30. Ich konnte ihn nicht mehr erreichen; das war sozusagen ein Flop.
31. Ausgerechnet Fred, der sonst immer lang schläft, war früh aufgestanden.
32. Später sagte er: »Du mußt mich anrufen; sonst weißt du nicht, wann ich abfahre.«
33. Man muß fast mitten in der Nacht aufbrechen.
34. Ich muß zugeben: Da ist etwas dran.
35. Übrigens hat er genau das Auto, das ich mir eingebildet habe.
36. Ausgerechnet in München sollen die Leute unhöflich sein. (Gerücht!)
37. Man bekommt dort keineswegs patzige Antworten.
38. Ich weiß das wirklich, weil ich seit vielen Jahren hier wohne.
39. Zuerst wollte ich mich in einer anderen Stadt niederlassen, aber dann blieb ich hier für immer.
40. Wenn die Kinder zu laut sind, sagt die Lehrerin: »Seid doch still!«
41. Natürlich schreien die Kinder trotzdem weiter.
42. Solch einen großen Hund habe ich noch nie gesehen.
43. Du mußt das noch heute tun.
44. Noch im 18. Jahrhundert wurden Hexen verbrannt.
45. Ich kaufe mir ein Mountainbike, und sei es noch so teuer.
46. Jedenfalls waren diese Sätze nützlich.

Lösung: 24. The dangers on the roads are getting greater and greater. 25. The striking thing is by no means that more and more roads have to be built. 26. The traffic jams were getting worse and worse during the last few (!) years. 27. People think that'll work somehow or other. 28. If you want to have little traffic at the weekend, you must set out as early as five o'clock. 29. My friend was gone (gone kann auch »weg« heißen und wird dann mit to be verbunden!) as early as half past four. 30. I couldn't reach him any more; that was a flop as it were. 31. Fred of all persons, who usually sleeps very long, had got up early. 32. Later he said: "You had better give me a ring; otherwise you don't know when I set out." 33. You must set out almost in the middle of the night. 34. I must admit: There is something to it. 35. Besides he has got the very car I have imagined for me. 36. In Munich of all towns people are said to be impolite. 37. By no means one gets nasty answers there. 38. I do know that, because I have lived here for many years. 39. At first I wanted to settle down in a different town, but then I stayed here for good. 40. If the children are too loud, the teacher will say: "Be quiet, will you!" 41. Of course the children keep on shouting nevertheless. 42. I have never before seen so big a dog. 43. You must do that even today. 44. Witches were burnt as late as in the 18th century. 45. I'm going to buy a Mountain Bike, no matter how expensive it is. 46. At any rate these sentences were useful.

34. Abgeleitete Adverbien/Adverbs derived from adjectives and participles

Beachte: Im Deutschen ist der Unterschied in der Verwendung des Adjektivs nicht zu erkennen; im Englischen sehr wohl. Es gibt 3 Möglichkeiten:
- Der vorsichtige Fahrer paßt immer auf: Attribut. The careful driver keeps watching out.
- Herr Müller ist immer vorsichtig im Verkehr: Prädikatsnomen (das Adjektiv ist ein Teil der Satzaussage und von to be abhängig). Mr Miller is always careful in the traffic.
- Herr Müller **fährt** immer vorsichtig: Adverbiale (hier ist das Fahren näher charakterisiert. Frage: **Wie** fährt er?). Mr Miller always drives carefully.

Hinter einigen Verben wird das Adjektiv nicht als Adverbiale empfunden: become, seem, taste, feel, look (aussehen).

1. Heute haben wir einen wundervollen Morgen.
2. Der Strand, das Meer und der Himmel sind wundervoll.
3. Alle Vögel singen wundervoll.
4. Jener Mann ist ein sehr guter Sänger.
5. Die Art, wie er singt, ist sehr gut.
6. Er singt nicht nur Lieder, sondern auch Arien sehr gut.
7. Du sagst das immer wirklich schön.
8. Die Leute bewegten sich schnell vorwärts.
9. Das Flugzeug landete sanft; es war eine sanfte Landung.
10. Das Gepäck wird getrennt gelagert.
11. Du hast die Frage korrekt beantwortet.
12. Wir waren froh, unsere Beine ein bißchen auszustrecken.
13. Wir saßen froh rund um den Kamin.
14. Die Schüler sollten sorgfältiger schreiben.
15. Die Passagiere eilen sehr schnell zum Flugzeug.
16. Der Alte sah müde aus.
17. Diese Wörter sind leicht; deshalb könnt ihr sie leicht lernen.
18. Das ist eine natürliche Nahrung.
19. Natürlich kannst du nicht alles zur selben Zeit tun.
20. Er befolgte meine Anordnungen bereitwilliger als gestern.

Lösung: 1. Today we have a wonderful early morning. 2. The beach, the sea, and the sky are wonderful. 3. All birds are singing wonderfully. 4. That man is a very good singer. 5. The way he sings is very good. 6. He sings not only songs, but also arias very well. 7. You always say that really nicely. 8. The people moved on quickly. 9. The plane landed smoothly; it was a smooth landing. 10. The luggage is stored separately. 11. You have answered the question correctly. 12. We were glad to stretch our legs a bit. 13. We sat gladly round the fireside. 14. The pupils should (ought to) write more carefully. 15. The passengers are hurrying to the plane quickly. (Statt quickly ginge auch fast; dieses ist gleichzeitig Adjektiv und Adverb.) 16. The old man looked tired. 17. These words are easy; so you can learn them easily. 18. That is natural food. 19. Naturally, you can't do everything at the same time. 20. He obeyed my orders more readily than yesterday.

Abgeleitete Adverbien/Adverbs derived from adjectives and participles

21. Dieser Schüler hat hart gearbeitet und bekommt gute Noten.
22. Das Mädchen hat kaum gearbeitet und bekommt trotzdem gute Noten.
23. Ausländer werden oft schlecht bezahlt.
24. Wenn ich so hart auswendig lernen muß, kann ich kaum denken.
25. Warum benimmt sich der Mann immer so merkwürdig?
26. Alle Achtung! Du hast das wirklich gut gemacht.
27. Ich darf annehmen, daß du völlig gesund bist.
28. Die Leute fühlten sich glücklich, als sie von ihren Verwandten begrüßt wurden.
29. Das Wetter sah schön aus.
30. In früheren Zeiten war Europa weitgehend mit Wäldern bedeckt.
31. Das ist nicht eine Tageszeitung; sie erscheint nicht täglich.
32. Als das Mädchen mich sah, begrüßte es mich freundlich.
33. Mein Schwager besucht mich überraschend oft.
34. Neulich fragte mich der Chef drohend, ob ich einen Termin versäumt hätte.
35. Ich antwortete aufgeregt, daß dies nicht der Fall sei.
36. Dann suchte ich einen Platz, wo ich am bequemsten schlafen konnte.
37. Ich bin gewohnt, mit ihm anständig und offen zu reden.
38. In der Zwischenzeit habe ich herausgefunden, daß er eine ziemlich liebenswürdige Person ist.
39. Es hat keinen Sinn, immer zu sagen: »Du hättest das besser machen sollen.«
40. Die meisten Vorgesetzten scheinen gerecht zu sein.
41. Das ist ein hübscher Anblick, nicht wahr? Aber jetzt bin ich hübsch müde.
42. Wer zuletzt lacht, lacht am besten.
43. In Deutschland verdienen die Arbeiter beträchtlich mehr als in Italien.

Lösung: 21. This pupil has worked hard and gets good marks. 22. The girl has hardly worked and gets good marks all the same. 23. Foreigners are often paid badly. 24. If I must learn by heart so hard, I can hardly think. 25. Why does the man always behave so strangely? 26. Hats off! You've done that well indeed. 27. I dare assume that you are perfectly well. (Well ist hier nicht das Adverb von good, sondern ein Adjektiv mit der Bedeutung gesund!) 28. The people felt happy, when they were welcomed by their relatives. 29. The weather looked fine. 30. In former times Europe was largely covered with forests. 31. This is not a daily (newspaper); it does not appear daily. 32. When the girl saw me, she greeted me in a friendly way. 33. My brother-in-law comes and sees me surprisingly often. 34. The other day the boss asked me threateningly if I had missed a (set) date. 35. I answered excitedly that that was not the case. 36. Then I looked for a place where I could sleep most comfortably. 37. I am accustomed to talk to him honestly and fair. 38. In the meantime I found out that he is a fairly likable person. 39. It's no use saying always: "You should have done that better." 40. Most superiors seem to be just. 41. That's a pretty sight, isn't it? But now I'm pretty tired. 42. Who laughs last, laughs best. 43. In Germany the workers earn considerably more than in Italy.

35. Im Deutschen Adverb – im Englischen Verb/In German adverb – in English verb

Manchmal gibt es zwei oder mehr Möglichkeiten der Übersetzung!

1. Schrei nicht so weiter! Ich kann das nicht aushalten.
2. Wahrscheinlich hat er mich gesehen; ich weiß, daß er das gern ableugnet.
3. Ich würde gern jedes Jahr zweimal nach Berlin reisen, weil es so schön ist.
4. Er hat es nicht gern, in solch einer Eile essen zu müssen.
5. Wir hatten ein Treffen vereinbart; aber leider verfehlten wir uns.
6. Unser Hund hat dich gebissen; er hat dich für einen anderen Freund gehalten, der dauernd Geld von mir borgt.
7. Hoffentlich warst du von dieser Aufführung nicht enttäuscht.
8. Du wirst sicherlich überrascht sein, wenn du das andere Theater siehst.
9. Deine Arbeit wirst du gewiß vor Weihnachten beenden können.
10. Das hat wahrscheinlich unser böser Hund getan.
11. Hast du zufällig 100 Mark bei dir? Dann können wir großartig zu Mittag essen.
12. Ich war zufällig der letzte, der das Theater verließ.
13. Er schrieb mir monatelang immer wieder; aber ich beantwortete seine Briefe nicht.
14. Ob er wohl jetzt aufhört, mir Briefe zu schicken?
15. Anscheinend hat er nichts anderes zu tun, als am Schreibtisch zu sitzen.
16. Wir werden voraussichtlich dieses Jahr eine Reise bis nach Japan machen.
17. Seine Frau ist angeblich sehr reich. Vielleicht hat er sie deswegen geheiratet.
18. Der Mann sah mich zufällig und erkannte mich.
19. Ich lese gar nicht gerne Krimis, weil sie zu brutal sind.
20. Muß ich immer in die Berge? Nächsten Sonntag würde ich lieber eine Radtour machen.

Lösung: 1. Don't go on crying like that! I can't stand that. 2. He is likely to have seen me; I know that he likes to deny that. 3. I'd like to travel to Berlin twice every year, because it is so nice. 4. He hates being forced to eat in such a hurry. 5. We had appointed a date; but I am sorry to say we missed each other. 6. Our dog has bitten you; he has taken you for a different friend, who keeps borrowing money from me. 7. I hope (am. hopefully) you were not disappointed at this show. 8. I'm sure you'll be surprised when you see the other theatre. 9. I trust you'll be able to finish your work before Christmas. 10. Our bad dog is likely to have done that. 11. Do you happen to have 100 marks with you? Then we can have a gorgeous lunch. 12. I happened to be the last to leave the theatre. 13. He kept writing to me for months; but I didn't answer his letters. 14. I wonder if he stops sending me letters now. 15. He seems to have nothing else to do but to sit at his desk. 16. We expect to go on a journey as far as Japan this year. 17. His wife is said to be very rich. Perhaps that's why he married her. 18. The man happened to see me and recognized me. 19. I do hate reading detective novels, because they are too brutal. 20. Must I always go (must, can und may müssen in der vollen Aussage und Frage noch ein Verb bei sich haben!) to the mountains? Next Sunday I'd prefer a bicycle tour.

36. Relativsätze/Relative clauses

Beachte: In der strikten Grammatik wird ein Unterschied gemacht zwischen notwendigen und nichtnotwendigen Relativsätzen; d. h., wenn die Aussage des Hauptsatzes ohne Relativsatz keinen Sinn gibt, ist dieser notwendig. Dann gehört dessen Inhalt zur Gesamtaussage; dann steht **kein** Komma! (An sich ist der Übergang von der einen zur anderen Art fließend.)

1. Der Mann, der hier wohnt, ist sehr reich.
2. Mein Freund, mit dem ich oft gehe, zeigt mir viele Pflanzen.
3. Die Dame, die gestern hier war, ist nach London gegangen.
4. Die Zeitung, die du mir gabst, war sehr interessant.
5. Der Bleistift, der auf meinem Tisch liegt, ist der meinige.
6. Das ist die Dame, der der Hund gehört.
7. Der Junge wagt es nicht, seinem Vater von der schlechten Note zu berichten, die er in der Schulaufgabe bekam.
8. Das ist das Haus, in dem ich wohne. (4 Möglichkeiten!)
9. Das Mädchen, das du im Garten siehst, ist meine Schwester.
10. Mein Sohn kann sich nicht erinnern, wem er dieses Buch gegeben hat.
11. Kennst du die Person, von der wir sprechen?
12. Meine Eltern, bei denen ich wohne, sind wirklich nett.
13. Der Mann, dessen Geldbörse gestohlen worden ist, weiß nicht, wie er sein Essen bezahlen soll.
14. Ich streiche gerade die Türe meines Zimmers, deren Farbe früher weiß war.
15. Was ich überhaupt nicht ertragen kann, ist, unterbrochen zu werden, wenn ich rede.
16. Am Morgen mache ich regelmäßig etwas Gymnastik, was das Beste ist, was ich tun kann.
17. Wohin du auch immer gehst, vergiß nicht, Geld mitzunehmen!
18. Dieser böse Junge lacht mich die ganze Zeit aus, was mir gar nicht gefällt.
19. Meine Frau ist nicht die einzige Person, zu der ich Vertrauen habe.
20. Du solltest nicht über Dinge reden, von denen du nichts weißt.
21. Der Mann, von dem dieses Haus gebaut wurde, ist ein guter Architekt.

Lösung: 1. The man who lives here is very rich. 2. My friend (,) with whom I often walk (,) shows me many plants. 3. The lady who was here yesterday has gone to London. 4. The paper (which/that) you gave me was very interesting. 5. The pencil which is lying on my table is mine. 6. That's the lady to whom the dog belongs. 7. The boy doesn't dare to tell his father about the bad mark he got in the test. 8. That's the house in which I live/which I live in/that I live in/I live in. 9. The girl you see in the garden is my sister. 10. My son cannot remember to whom he has given this book. 11. Do you know the person we are talking of? 12. My parents, who I am living with, are nice indeed. 13. The man, whose purse has been stolen, doesn't know how to pay for his meal. 14. I'm painting the door of my room, whose colour/the colour of which used to be white. 15. What I cannot stand at all is to be interrupted when I am speaking. 16. In the morning I regularly do some physical exercises, which is the best thing I can do. 17. Wherever you go, don't forget to take money with you! 18. This bad boy laughs at me all the time, which I definitely don't like. 19. My wife is not the only person I have confidence in. 20. You should not talk about things you don't know anything about. 21. The man by whom this house was built is a good architect.

37. Ersatz von Relativsätzen/Relative clauses replaced

1. Der Mann, der gerade über den Fluß schwimmt, ist mein Vater.
2. Gibt es einen Zug nach München, der in etwa einer Stunde abfährt?
3. James Cook, der ein berühmter Seefahrer war, entdeckte Australien ein zweites Mal.
4. Der Mann, der zwei Seelen in seiner Brust hatte, wußte nicht, was er tun sollte.
5. Ich mag die Zeitung nicht, die von meinen Eltern gelesen wird.
6. Aber das Buch, das von meiner Mutter gekauft wurde, mag ich.
7. Das Geschenk, das auf dem Tisch liegt, ist für dich.
8. Das Geschenk, das eben von mir auf den Tisch gelegt wird, war teuer.
9. Das Wort, das von lat. ripa (= Ufer) abgeleitet ist, heißt im Englischen ankommen.
10. Der Brief, der von meiner Freundin geschrieben worden war, kam gestern an.
11. Der Boß war der erste, der kam, und der letzte, der ging.
12. Mein Freund weiß nicht, was er lesen soll.
13. Mr Miller, der dieses Haus gekauft hatte, verkaufte es nach zwei Jahren wieder.
14. Die Arbeit, die von ihm getan worden ist, ist wunderbar.
15. Herr Braun, der das Geld nicht hatte, das von ihm gefordert wurde, wurde verhaftet.
16. Leute, die am wenigsten arbeiten, haben meist keine Zeit.
17. Es gibt viele Dinge, die man in London sehen kann.
18. Da ist eine Dame, die hinter dir steht und auf alles hört, was du sagst.
19. Die Waren, die gestern geliefert wurden, sind nicht einwandfrei.
20. Das Haus, das eben hier gebaut wird, hat 6 Zimmer.
21. Der Unfall, der von Fred verursacht wurde, ereignete sich an dieser Kreuzung.
22. Eine Person, die viel arbeitet, kann viel erreichen.

Beachte: Hat der Relativsatz aktiven Sinn, steht das Partizip I; hat er passiven Sinn, steht das Partizip II.

Lösung: 1. The man swimming across the river is my father. 2. Is there a train to Munich departing in about one hour? 3. James Cook, a famous seafarer, discovered Australia a second time. 4. The man having two souls in his breast did not know what to do. 5. I don't like the newspaper read by my parents. 6. But I like the book bought by my mother. 7. The present lying on the table is for you. 8. The present being laid on(to) the table by me was expensive. (Der Satz wirkt konstruiert!) 9. The word derived from Latin ripa (= bank of a river) is arrive in English. 10. The letter written by my girlfriend arrived yesterday. 11. The boss was the first to come and the last to go. 12. My friend does not know what to read. 13. Mr Miller having bought this house (auch diese Wendung wirkt papieren.) sold it again after two years. 14. The work done by him is marvellous. 15. Not having the money claimed from him Mr Braun was arrested. (Wiederum konstruiert!) 16. People working least have mostly no time. 17. There are many things to be seen in London. 18. There is a lady standing behind you listening to everything you say. 19. The goods delivered yesterday are not perfect. 20. The house being built here has 6 rooms. 21. The accident caused by Fred occurred at this crossing. 22. A person working much can achieve a lot.

38. Konjunktionalsätze/Conjunctional clauses

1. Bevor ich heimging, trank ich eine Halbe Bier im Pub.
2. Da (ja) jeder Englisch spricht oder lernt, ist es die Weltsprache geworden.
3. Du kannst nicht bloß den ganzen Tag spielen, weil du für die nächste Schulaufgabe lernen mußt.
4. Ich mag jetzt nicht ausgehen; denn es regnet in Strömen.
5. Statt eine Pauschalreise zu buchen, fuhren die jungen Leute aufs Geratewohl fort.
6. Während ich Klavier spiele, solltest du nicht pfeifen.
7. Mit dem großen weichen Ball kann man leicht spielen, während der kleine zu hart ist.
8. Da du mich nicht sahst, rief ich dir nicht zu.
9. Wenn (immer wenn!) der Zug Verspätung hat, müssen die Leute geduldig sein.
10. Wenn (falls - einmalig!) der Zug Verspätung hat, werde ich den Anschluß nicht bekommen.
11. Vergiß nicht, mich aufzuwecken, wenn es 7 Uhr ist!
12. Jeder sollte stillstehen, während die Nationalhymne gespielt wird.
13. Es ist schwer zu sagen, welches Pferd das Rennen gewonnen hat; denn wir standen zu weit weg.
14. Moderne Computer sind äußerst schnell, während alte Rechenmaschinen Zeit brauchten.
15. Du verschwendest nur deine Zeit; mein Sohn jedoch verwendet sie gut.
16. Der Spitzen-Tennisspieler war ein bißchen behindert; trotzdem gewann er das Spiel.
17. Nachdem er den Pokal empfangen hatte, genoß er seinen Triumph.
18. Wir durchsuchten das ganze Haus; doch meine Uhr war nicht zu finden.
19. Meine Frau arbeitet viel im Garten; ich auch.
20. Ich gehe nicht gern in die Disko; mein Freund auch nicht.
21. Während ich arbeite, schläfst du.

Lösung: 1. Before I went home I had a pint of bitter in the pub. 2. Since everybody speaks or learns English, it has become the world language. 3. You can't just play the whole day, because you have to learn for the next paper. 4. I don't want to go out now, for it's raining cats and dogs. 5. Instead of booking a package tour the young people set out at random. 6. While I'm playing the piano you should not whistle. 7. The big soft ball is easy to play with, whereas the small one is too hard. 8. As you didn't see me, I didn't shout to you. 9. When the train is late, people must be patient. 10. If the train is late, I won't catch the connection. 11. Don't forget to wake me up when it is 7 o'clock! 12. Everybody should stand still while the National Anthem is being played. 13. It's hard to say which horse won the race, for we stood too far away. 14. Modern computers are extremely quick, whereas old adding machines took their time. 15. You just waste your time; my son, however, makes good use of it. 16. The top tennis player was a bit handicapped; nevertheless he won the match. 17. After he had received the cup, he enjoyed his triumph. 18. We searched the whole house; yet my watch was not to be found. 19. My wife works a lot in the garden; so do I. 20. I don't like to go into the disco; nor does my friend. 21. (2 Aspekte möglich: zeitlich und Gegensatz!) While/whereas I'm working, you are sleeping.

22. Nachdem ich zu Hause angekommen war, bekam ich mein Mittagessen.
23. Da ich immer so viel arbeiten muß, werde ich schnell müde.
24. Ich arbeite seit drei Monaten in einer Fabrik, weil ich viel Geld brauche.
25. Sowohl meine Frau als auch ich haben an der Universität studiert.
26. Ich stelle meinen Wecker jeden Tag auf 6 Uhr, damit ich nicht verschlafe.
27. Du wirst die Prüfung nicht bestehen, wenn du nicht fleißiger arbeitest.
28. Während ein Hund bellt, kann er nicht beißen.
29. Entweder du schaust heute abend vorbei, oder du rufst mich an.
30. Mein Vater gab mir wenig Geld, während mein Bruder eine ganze Menge bekam.
31. Man kann nicht nur in Amerika, sondern auch in Australien gut leben.
32. Meine Frau weiß nicht mehr, ob du gesagt hast, daß du kommen wirst.
33. Der junge Lehrer will seine Englischkenntnisse verbessern; deshalb will er jedes Jahr nach England reisen.
34. Wir haben weder einen Hund noch eine Katze.
35. Aber wir haben im Keller einen Elefanten; deshalb können wir nicht alle in Urlaub gehen.
36. Wir werden den Gipfel des Berges nicht erreichen können; denn das Klettern wird zu schwierig.
37. Obwohl ich sehr viel arbeite, verdiene ich nicht viel Geld.
38. Benimm dich, wie man es in guten Familien tut!
39. Es gab zwar wirkliche Konflikte, aber sie nahmen bald ab.
40. Man versuchte Frieden zu halten; dennoch gab es neue Streitigkeiten.
41. Der Mann arbeitet wie ein Verrückter - bis er einen Herzanfall bekommt.

Lösung: 22. After I had arrived home, I got my lunch. 22. As I always have to work so much, I soon get tired. 24. I have worked in a factory for three months, because I need much money. 25. Both my wife and I have studied at the university. 26. I set my alarm-clock at six o'clock every day so that I don't oversleep. 27. You won't pass the exam, unless you work more diligently. 28. While a dog is barking, he cannot bite. (Während: Wird ein Nebensatz eingeleitet, steht while; vor einem Substantiv steht during: during the meal.) 29. Either you drop in tonight or you ring me up. 30. My father gave me little money, whereas my brother got quite a lot. 31. You can live well not only in America, but also in Australia. 32. My wife doesn't know any more whether you said you would come. 33. The young teacher wants to improve his knowledge of English; so he wants to travel to England every year. 34. We have neither a dog nor a cat. 35. But we have an elephant in the cellar; therefore not all of us can go on holiday. 36. We won't be able to reach the top of the mountain; for the climbing is getting too difficult. 37. Although I work very much, I don't earn much money. 38. Behave as it is done in good families! 39. There were, it is true, real conflicts, but they ebbed away soon. 40. People tried to keep the peace; even so there were new quarrels. 41. The man works like a madman - until (till) he gets a heart attack.

39. Verkürzte Konjunktionalsätze/Conjunctional clauses shortened

1. Nachdem ich zu Hause angekommen war, bekam ich mein Mittagessen. (2 Möglichkeiten!)
2. Da ich immer so viel arbeiten muß, werde ich schnell müde.
3. Ich arbeite seit 3 Monaten in einer Fabrik, weil ich viel Geld brauche.
4. Mein Freund verbessert dadurch seine Englischkenntnisse, daß er BBC hört.
5. Der Schüler wurde bestraft, weil er das Fenster zerbrochen hatte.
6. Statt daß der Mann Geld sparte, gab er es in einem Gasthof aus.
7. Die Trekker marschierten weiter, ohne daß sie die Krokodile bemerkten.
8. Während ein Hund bellt, kann er nicht beißen.
9. Nachdem ich den ganzen Tag gearbeitet habe, fühle ich mich müde.
10. Bevor ich ins Bett gehe, trinke ich gern ein Glas Wein.
11. Da das Wetter schön ist, können wir einen Ausflug machen.
12. Da es heute warm ist, zieht mein Bruder nicht die lange Hose an.
13. Gleich als wir in den Hafen von New York einfuhren, waren wir von dem Anblick hingerissen.
14. Da die Stadt New York auf einer kleinen Insel erbaut ist, hat sie wenig Raum, sich auszubreiten.
15. Bevor wir das Schiff verließen, mußten wir unsere Pässe zeigen.
16. Obwohl wir durch ein Gewitter fuhren, wurden wir nicht seekrank.
17. Machen wir doch einen Spaziergang, da es so schön ist.
18. Obwohl es regnete, bestand er darauf, in den Wald zu gehen.
19. Ich dachte, daß er unschuldig war.
20. Mein Vater will, daß ich die spanische Sprache lerne.
21. Da wir gerade von Ausländern sprechen, möchte ich erwähnen, daß die meisten recht arbeitsam sind.

Lösung: 1. After arriving home/having arrived home I got my lunch. 2. Always having to work much I get tired soon. 3. Being in need of a lot of money I have worked in a factory for three months. 4. By listening to BBC my friend improves his knowledge of English. 5. The pupil was punished for smashing the window. 6. Instead of saving money the man spent it in an inn. 7. The trekkers marched on without noticing the crocodiles. 8. (While, in) barking a dog cannot bite. 9. After working/having worked the whole day I feel tired. 10. Before going to bed I like to drink a glass of wine. 11. The weather being fine we can go for an outing. 12. It being warm today (Klingt papieren! Dafür: As it is warm today) my brother doesn't put on the long trousers. 13. On entering New York harbour we were thrilled by the sight. 14. The city of New York being built on a small island has little room to expand. 15. Before leaving the ship we had to show our passports. 16. (Inspite of) sailing through a thunderstorm we did not get seasick. 17. Let's go for a walk it being so fine. (Klingt konstruiert, papieren! Dafür: As it is so fine.) 18. It raining he insisted on going into the wood. (Klingt besonders »akademisch«! Besser: Although it was raining . . .) 19. I thought him to be innocent. (Auch papieren! Dafür: I thought that he was innocent.) 20. My father wants me to learn the Spanish language. 21. Speaking of foreigners I'd like to mention that most of them are quite industrious.

40. Stellung/Position

Beachte: Zur bekannten Stellung S P O: Einschübe sind möglich vor und hinter S und hinter O; niemals zwischen P und O! Das gilt für Haupt- und Nebensatz. Dazu gilt immer: Ort vor Zeit. S = Subject, P = Predicate, O = Object.
Often the professor buys books / The professor often buys books / The professor buys books often.

1. In London ging ich oft ins Theater.
2. Meinen Freund traf ich gestern auf einem Berg.
3. Du darfst das nicht tun; ich habe es dir oft gesagt.
4. Wir werden morgen sehr früh aufbrechen, weil der Weg an die Küste lang ist.
5. Im allgemeinen liebt es jeder Lehrer, wenn er von den Studenten gegrüßt wird.
6. Natürlich will manches Mädchen geküßt werden, wenn es nachts mit einem Jungen in den Park geht.
7. Jeder Schüler weiß, daß er pünktlich in die Schule gehen muß.
8. Habe ich dir gesagt, daß ich gestern eine Dame getroffen habe, von der ich nicht wußte, ob sie noch am Leben ist?
9. Weil ich eine hübsche Summe Geld gewonnen habe, kann ich nach England reisen.
10. Es muß etwas dagegen unternommen werden, daß die Drogensucht zunimmt.
11. Nicht allen Leuten kann man das sagen.
12. Es erhob sich in dieser Gegend vorgestern ein gewaltiger Sturm.
13. Wer Kinder hat, muß Geld verdienen.
14. Da der Lehrer meine Arbeiten schätzt, gibt er mir gute Noten. (3 Stellungen möglich!)
15. Der Schüler gab dem Lehrer das Buch.
16. Er gab das Buch dem Lehrer, nicht mir.
17. Gestern war ich in einem Konzert.
18. Vorgestern traf ich dort die Millers.
19. Gestern abend ereignete sich nicht weit von unserem Haus ein Verkehrsunfall.
20. Wir zogen vor 3 Jahren nach München um.

Lösung: 1. In London I often went to the theatre/I often went to the th. in L. 2. Yesterday I met my friend on a mountain. (Im Engl. liegt der Hauptton am Ende des Satzes; die zweitstärkste Betonung ist am Anfang.) 3. You must not do that; I have often told you. 4. We are going to set out very early tomorrow, because the way to the shore is long. 5. Generally every teacher likes to be greeted by the students. 6. Naturally many a girl wants to be kissed, when she goes into the park at night with a boy. 7. Every pupil knows that he has to go to school punctually. 8. Did I tell you that yesterday I met a lady of whom I did not know whether she was still alive? 9. Having won quite a big sum of money I can travel to England. 10. There must something be done/something must be done against the increasing drug addiction. 11. You can't tell that to everybody. 12. A tremendous storm arose/there arose a tr. storm in this district the day before yesterday. 13. Who has got children must earn money. 14. As the teacher appreciates my works, he gives me good marks./The t. gives me g.m., as he . . ./The t., as he a.m.w., gives me . . . 15. The pupil gave the teacher the book. 16. He gave the book to the teacher, not to me. 17. I was in a concert yesterday. 18. I met the Millers there the day before yesterday. 19. Last night a traffic accident occurred not far from our house. 20. We moved to Munich 3 years ago/3 years ago, we . . .

41. Verb + Präposition/Verb + preposition

1. Wir wissen nicht, an welcher Krankheit Mozart gestorben ist.
2. Du kannst dich auf mich verlassen; ich werde dir helfen.
3. Jeder beginnt damit, die elementaren Dinge zu erlernen.
4. Selbstverständlich stimme ich mit Ihnen überein, daß die Preise steigen werden.
5. Wenn man von der Leiter gefallen ist und sich fünf Rippen gebrochen hat, muß man einen Arzt holen.
6. Neulich fragte mich ein Fremder nach dem Weg zum Bahnhof; ich wußte ihn selbst nicht.
7. Darf ich auch an diesem Ausflug teilnehmen?
8. Reden wir doch nicht immer über diesen regnerischen Herbst!
9. Beschwert euch nicht über die Hausaufgaben, die ihr machen müßt!
10. Wenn man ein gutes Zeugnis hat, kann man sich um eine Stelle bewerben.
11. In letzter Zeit sind die Gefängnisse gut ausgebaut worden; man kann aus ihnen nur schwer entkommen.
12. Wer zahlt für die Mahlzeit, die wir gegessen haben?
13. Papier wird meist aus einer breiigen Holzmasse gemacht.
14. Weiß er, daß er sich für die Sache entschuldigen muß?
15. Tut mir leid, ich habe sie nicht daran hindern können, diesen Mann zu heiraten.
16. Tatsächlich hat sie all ihr Geld für Kleinigkeiten ausgegeben.
17. Bitte kümmern Sie sich nicht um meine Angelegenheiten!
18. Vor einer Woche stieß ich zufällig auf eine kleine Statue, die ich in Griechenland gekauft hatte.
19. Man soll niemanden wegen seiner Ansichten verurteilen.
20. Wasser besteht bekanntlich aus Wasserstoff und Sauerstoff.
21. Das ist eine Frau, mit der man sehr vorsichtig umgehen muß.
22. Wenn es lange regnet, hoffen wir alle auf besseres Wetter.
23. Da meine Tante sehr alt ist, kümmere ich mich um sie.
24. Sie freut sich immer auf meine Besuche.

Lösung: 1. We don't know of (from) what disease Mozart died. 2. You can rely on me; I'll help you. 3. Everybody begins by learning the elementary things. 4. Of course I agree with you that prices will go up. 5. If you have fallen down from the ladder and broken five ribs, the doctor must be sent for. 6. The other day a stranger asked me the way to the station; I didn't know it myself. 7. May I also take part in that outing? 8. Let's not always talk about that rainy autumn! 9. Don't complain about the homework you have to do! 10. If you have a good report, you can apply for a job. 11. Lately the prisons have been well strengthened; it's difficult to escape from them. 12. Who pays for the meal we have eaten? 13. Paper is mostly made of wood pulp. 14. Does he know he has to apologize for that affair? 15. Sorry, I haven't been able to prevent her from marrying that man. 16. As a matter of fact she spent all her money for trifles. 17. Please don't meddle with my affairs! Besser: Mind your own business! 18. A week ago I came across a little statue I had bought in Greece. 19. Nobody should be condemned for his views. 20. As everybody knows water consists of hydrogen and oxygen. 21. That's a woman who must be dealt with carefully. 22. When it rains long, we all hope for better weather. 23. As my aunt is very old, I look after her. 24. She always looks forward to my visits.

25. Ich kann nicht immer an dich denken; ich habe auch andere Dinge zu tun.
26. Bitte warte auf mich! Ich komme auf jeden Fall.
27. Fülle dieses Formular aus und reiche es ein.
28. Es hat keinen Sinn, über verschüttete Milch zu weinen.
29. Wie sieht das Wetter heute aus?
30. Schade, ich muß immer wieder Wörter im Lexikon nachschauen.
31. Wenn du mit einer älteren Person sprichst, solltest du nicht sitzen bleiben.
32. Kinder dürfen nicht so lange aufbleiben.
33. Einer der schönsten Augenblicke ist, wenn das Flugzeug abhebt.
34. Kann ich hier deutsche Mark in einheimische Währung umtauschen?
35. Es ist viel zu heiß; dreh die Heizung ab!
36. Dieser gut angezogene Herr stellte sich als Verbrecher heraus.
37. Schreibe bitte auf, was ich dir sagen werde.
38. Warum lächeln Sie über diese traurige Geschichte?
39. Ich muß dich wirklich wegen dieses schweren Fehlers tadeln.
40. Morgen wird unsere Gruppe nach Berlin abreisen.
41. In schlechten Zeiten kämpfen alle Leute um ihr Überleben.
42. Meine Überlegungen unterscheiden sich sehr von den deinigen.
43. Der Mann wurde wegen Fahrerflucht angeklagt.
44. Zuerst rühmte er sich, daß er von niemand gesehen worden sei.
45. Ich möchte Sie davon unterrichten, daß Sie die Prüfung bestanden haben.
46. Erinnere mich nicht an diese scheußliche Situation!
47. Der Redner bezog sich auf einen Artikel in der Zeitung.
48. Wann wir uns wiedersehen, hängt von den Umständen ab.
49. Die Gesamtsumme beläuft sich auf 10.000 Dollar.

Lösung: 25. I cannot always think of you; I have other things to do as well. 26. Please wait for me! I'll come in any case. 27. Fill in this form and hand it in. 28. It's no use crying over spilt milk. 29. What does the weather look like today? 30. It's a pity, I must look up words in the dictionary again and again. 31. When talking (speaking) to an elderly person, you should not remain sitting. 32. Children are not allowed to stay up so long. 33. One of the finest moments is, when the plane takes off. 34. Can I change German marks into native currency here? 35. It's much too hot; turn off the heating! 36. That well-dressed man turned out to be a criminal. 37. Please write down what I'll tell you. 38. Why are you smiling at that sad story? 39. I must blame you for that blunder indeed. 40. Tomorrow our group will leave for Berlin. 41. In bad times all people struggle for their survival. 42. My considerations differ very much from yours. 43. The man was accused of a hit-and-run offence. 44. At first he boasted of having been seen by nobody. 45. I'd like to inform you of having passed the exam. (Ist dieser Satz eindeutig? *Wer* hat bestanden? Also besser: . . . you that you have passed the exam.) 46. Don't remind me of this horrible situation! 47. The orator referred to an article in the newspaper. 48. It'll depend on the circumstances when we'll see each other again. 49. The total sum amounts to 10.000 dollars.

42. Substantiv + Präposition/Noun + preposition

1. Das ist der Vorteil, wenn man jung ist: Man kann fast alles essen.
2. Bitte verdenke mir nicht meine starke Abneigung gegen das Rauchen.
3. Früher hatte ich ein Interesse, Münzen zu sammeln.
4. Ich habe starke Zweifel an deiner Fähigkeit, das Problem zu erkennen.
5. Die beste Methode abzunehmen ist: weniger essen.
6. Der Grund für sein Zuspätkommen war: Er hatte ein Loch im Fahrrad.
7. Es gab eine große Schwierigkeit, diesen Text zu übersetzen.
8. Glaubst du nicht auch, daß dies der richtige Platz ist, um ein Zelt aufzustellen?
9. Jeder Mensch hat die Wahl zwischen einem langen vernünftigen und einem kurzen unvernünftigen Leben.
10. Ich werde wohl keine Chance haben, den Mount Everest zu besteigen.
11. Gibt es für dich eine Möglichkeit, das Examen zu wiederholen?
12. Ich bin überzeugt, du hast keine Erfahrung darin, wie man Kinder aufzieht.
13. Mein Vetter hatte eine günstige Gelegenheit, Australien zu besuchen.
14. Glaube mir, das ist die beste Art, eklige Leute loszuwerden.
15. Immer wieder gab es Schwierigkeiten, mit solchen Leuten auszukommen.
16. Die Gleichgültigkeit des Mannes gegenüber seinem Schicksal ist erstaunlich.
17. Wenn ich viel im Büro sitze, habe ich ein Verlangen nach frischer Luft.
18. Die Pfadfinder suchen Schutz vor dem starken Regen.
19. Du mußt mein Vergnügen am Hören guter Musik respektieren.
20. Ich halte es für Grausamkeit gegenüber Tieren, einen Fuchs zu hetzen.
21. Jeder Mensch hat einen Anspruch auf Glück.
22. Er hat ein Recht auf anständige Behandlung.
23. Du hast mich sehr enttäuscht; ich habe zu dir kein Vertrauen mehr.

Lösung: 1. That's the advantage of being young: You can eat almost everything. 2. Please don't blame me for my strong dislike of smoking. 3. I used to have an interest in collecting coins. 4. I have strong doubts about your ability to recognize the problem. 5. The best method of losing weight is: eat less. 6. The reason for his being late was: He had a puncture in his bike. 7. There was a great difficulty of translating that text. 8. Don't you also think that this is the right place for putting up a tent? 9. Every human being has the choice between a long sensible and a short foolish life. 10. I'm afraid I won't have a chance of climbing Mount Everest. 11. Is there a possibility for you of repeating the exam? (Klingt gespreizt! Dafür: Is it possible for you to repeat . . .?) 12. I am convinced you have no experience in rearing children. 13. My cousin had an opportunity of seeing Australia. 14. Believe me, that's the best way of getting rid of nasty people. 15. Again and again there was trouble in getting along with people like that. 16. The man's indifference to his fate is astonishing. 17. When I sit much in the office, I have a desire for fresh air. 18. The boyscouts are looking for protection from the strong rain. 19. You must respect my delight in listening to good music. 20. I think it is a cruelty to animals to hound a fox. 21. Every person has a claim to happiness. 22. He has a right to decent treatment. 23. You have disappointed me very much; I have no longer any confidence in you.

43. Adjektiv + Präposition/Adjective + preposition

1. Man sagt, einige alte Engländer seien scharf auf schottischen Whisky.
2. Ärzte denken, ein wenig Alkohol mag nützlich für bessere Verdauung sein.
3. Wer hervorragende Noten bekommt, kann stolz sein auf seine Leistungen.
4. Ich bin enttäuscht von dem Mädchen, das mich verlassen hat.
5. Als ich New York sah, war ich beeindruckt von den riesigen Wolkenkratzern.
6. München ist berühmt für sein gutes Bier.
7. Ich bin froh über die Briefe, die du mir wieder schreibst.
8. Viele Leute sind nicht interessiert daran, Fremdsprachen zu erlernen.
9. Ist das das Mädchen, nach dem du seit Jahren verrückt bist?
10. Ich bin entzückt über das Geschenk meiner Tante: ein Motorrad.
11. Sie ist aufgeregt über das Verhalten der jungen Leute, die ohne Helm fahren.
12. Wer ist nicht begeistert von den neuen Düsenflugzeugen, die schneller sind als der Schall?
13. Ich bin es müde, daß ich vom Chef dauernd kritisiert werde.
14. Alte Leute werden oft ärgerlich über das Donnern der Lastwagen.
15. Du brauchst meinetwegen nicht besorgt zu sein; ich werde mich zurechtfinden.
16. Nicht jeder ist geschickt, daß er in den Wäldern Vögel beobachtet.
17. Ein gewisser Geldbetrag ist zum Errichten eines Hausstands nötig.
18. Man kann nicht zu allen Leuten freundlich sein.
19. Bist du mit dem alten Herrn verwandt, mit dem du gehst?
20. Wir alle sind entsetzt über die zunehmende Umweltverschmutzung.
21. Fast nirgends ist man sicher vor Giften aller Art.
22. Sibirien ist immer noch reich an Bodenschätzen.
23. Es ist typisch für viele Leute, daß sie reden, aber nichts tun.

Lösung: 1. Some old Englishmen are said to be keen on Scottish whisky. 2. Doctors think a bit of alcohol may be useful for better digestion. 3. Who gets excellent marks can be proud of his achievements. 4. I am disappointed in the girl who has left me. 5. Seeing New York I was impressed by the huge skyscrapers. 6. Munich is famous for its good beer. 7. I am glad about the letters you write me again. 8. A lot of people are not interested in learning foreign languages. 9. Is that the girl you have been crazy about for years? 10. I am delighted at the present of my aunt: a motorbike. 11. She is excited about the young people's behaviour who drive without a helmet. 12. Who is not enthusiastic about the new supersonic jet planes? 13. I am tired of being constantly criticized by the boss. 14. Old people often get angry at (about) the thundering lorries. 15. You needn't worry about me; I'll find my way. 16. Not everybody is clever at watching birds in the woods. 17. A certain amount of money is necessary for making a home. 18. You cannot be friendly to all people. 19. Are you related to the old gentleman with whom you walk? 20. We all are shocked at the increasing environment pollution. 21. Almost nowhere one is safe from poisons of all kinds. 22. Sibiria is still rich in mineral resources. 23. It's typical of many people that they talk, but do nothing.

44. Die wichtigsten Präpositionen I/The most important prepositions I

Beachte: Hinter allen englischen Präpositionen steht der 4. Fall. Hinter räumlichen Präpositionen gibt es kein -self/-selves: All at once he caught sight of a kangaroo in front of him.

räumlich:

1. about	*um, herum:* He walked about the house.
2. above	*oberhalb, über (ohne Berührung):* The lamp hangs above the table.
3. across	*quer durch, über:* Any sailor could have sailed across the ocean.
4. after	*hinter, nach:* He ran after him; go on, after you, please!
5. against	*gegen:* He leans against the wall.
6. along	*entlang:* We walked along the river.
7. among	*unter (einer Menge):* I saw her among the girls.
8. (a)round	*um – herum:* The Scots stood around the camp fire. The earth moves round the sun.
9. at	*an (Punkt!):* I met him at the corner. Shakespeare was born at Stratford-on-Avon (Kleinstadt, also mehr punktmäßig!). My cousin lives at my uncle's.
10. before	*vor:* He walked before us.
11. behind	*hinter:* The cat sits behind the house.
12. below/beneath	*unter (ohne Bewegung!):* The dog lies below the table.
13. beside	*neben:* The man stands beside the window.
14. between	*zwischen (zweien):* I walk between Father and Mother.
15. by	*nahe bei, an:* He sat by me. The boy sat by the roadside.
16. down	*herunter, hinunter, hinab:* We rowed down the river.
17. from	*von (her):* He came from London.
18. in	*in (wo?):* He is sitting in the room. My uncle lives in the country. There was an accident in the street.
19. in front of	*vor:* Our garden lies in front of our house.
20. into	*in (wohin?):* He is going into the room. The door leads into the street. Tomorrow we 'll go into the country.
21. near	*nahe bei:* Does your aunt live near London? (*In the near* gibt es nicht! Möglich: in the vicinity, in the neigbourhood)
22. off	*weg, hinweg:* The book fell off the table.
23. on, upon	*auf (mit Berührung), an:* The book lies on the table. London lies on the Thames. Why has he no shoes on his feet?
24. onto	*auf (wohin?):* He ran onto the platform.
25. out of	*aus, heraus:* Go out of the room!
26. over	*über (mit und ohne Berührung):* Ships sail over the ocean. The plane flew over our heads.
27. past	*vorbei:* He ran past the house.
28. through	*durch:* He fled through the door.
29. to	*zu, nach:* I go to school, to church. My room lies to the east.
30. toward(s)	*gegen (Richtung):* They marched towards the woods.
31. under	*unter (mit und ohne Berührung;* Gegensatz: over): He swam under water for half a minute.
32. up	*hinauf:* He went up the ladder (Leiter).

Die wichtigsten Präpositionen I/The most important prepositions I

1. Der Hund sitzt gerade vor dem Auto.
2. Geh nicht im Zimmer umher! Sag klar, was du suchst!
3. Geniere dich nicht! Spring auf die Bühne und sing das Lied!
4. Ich habe immer genug Geld bei mir.
5. Meine Tochter steht zwischen diesen 20 Mädchen.
6. Man muß unterscheiden zwischen Laufen und Rennen.
7. In meinem Zimmer ist es recht gemütlich.
8. Bitte klopf an, bevor du in das Zimmer des Chefs hineingehst!
9. Steck die Geldbörse in deine Hosentasche; dann können die Taschendiebe sie nicht klauen.
10. Ich begleite meine Tante gerade bis zur Ecke.
11. Gehen wir nicht den Turm hinauf; es würde zu lange dauern.
12. Es ist besser, du gehst voran; ich gehe nach dir.
13. Über unserem Haus ist eine Überlandleitung; das ist nicht gut.
14. Wenn du die Straße entlanggehst, wirst du auf eine prächtige Villa stoßen.
15. Warum läufst du auf mich zu? Brauchst du Hilfe?
16. Unser großer Schrank steht unmittelbar bei der Wohnzimmertür.
17. Als ich nach den Staaten reiste, fuhr das Schiff an der Küste von Cornwall vorbei.
18. Nächstes Jahr werden wir unseren Urlaub in der Nähe von Brighton verbringen.
19. Wenn du über die Brücke gehst, wirf nichts ins Wasser!
20. Der Lehrling weiß, daß er pünktlich an seinem Arbeitsplatz ankommen muß.
21. Meine Tochter will nicht die ganze Zeit neben mir sitzen.
22. Als ich zum Fenster hinausschaute, sah ich einen Mann, der auf der Straße ein Kamel führte.
23. Es hilft nichts; wir müssen durch diese sumpfige Wiese waten.

Lösung: 1. The dog is (just) sitting in front of the car. 2. Don't walk about in the room! Say clearly what you are looking for! 3. Don't be shy! Jump onto the stage and sing the song! 4. I always have enough money on me. 5. My daughter is standing among those 20 girls. 6. One must distinguish between running and racing. 7. In my room it's fairly cosy. 8. Please knock, before you go into the room of the boss. 9. Put the purse in (nach put meist kein into, bloß in!) your pocket; then the pickpockets cannot pinch it. 10. I am accompanying my aunt as far as the corner. 11. Let's not go up the tower; it would take too long. 12. You had better go ahead; I'll go after you. 13. There is an overhead power line over (above) our house; that's no good. 14. If you go along the road, you'll come across a magnificent villa. 15. Why are you running towards me? Do you need help? 16. Our big cupboard stands by the door of the living room. 17. When I travelled to the States, the ship sailed past the coast of Cornwall. 18. Next year we'll spend our holidays near Brighton. 19. When crossing the bridge throw nothing into the water! 20. The apprentice knows that he has to arrive at* his working place punctually. 21. My daughter doesn't like to sit beside me all the time. 22. Looking out of the window I saw a man leading a camel in the street. 23. It's no use; we must wade through that boggy meadow.

*Einzige Ausnahme: to arrive home.

Die wichtigsten Präpositionen II/The most important prepositions II

zeitlich:

1. about	*ungefähr, gegen:* He came at about five o'clock.
2. after	*nach:* After the lesson we go home.
3. ago	*vor (nachgestellt! – Auszugehen ist von dem jetzigen Augenblick!):* Two years ago I was in England.
4. at	*um:* School begins at eight o'clock. Most people sleep at night. The family meet at Christmas.
5. because of	*wegen:* Because of the bad weather we stayed in.
6. before	*vor:* Before the war I was in England.
7. between	*zwischen:* The accident happened between seven and eight o'clock.
8. by	*bis (spätestens):* I shall be back by ten o'clock.
9. during	*während:* During the war the food was bad. (*Aber als Bindewort, d.h. vor Verben:* While I was in Paris, I could not read much.)
10. for	*seit (Zeitraum!):* I was there for two years. I have been here for three months.
11. in	*in, während:* In the morning I jump out of bed. In one year we shall have finished school. Shakespeare lived in the reign of Queen Elizabeth.
12. on	*an, bei:* I was born on the sixth of May. On Monday I'll go skiing. On my arrival I got a royal welcome.
13. past	*nach:* I usually get up at half past six.
14. sincc	*seit (Zeitpunkt!):* My parents have lived in this town since 1950. Since Easter it has not rained very often.
15. till until	*bis:* You must not do that till to-morrow. (*Aber räumlich:* as far as. – We went as far as the next village.)
16. to	*zu, bis, auf:* It is a quarter to ten. In the morning we work from eight to twelve.

übertragen:

1. about	*ungefähr, über:* I saw about ten boys. He spoke about a new book.
2. against	*gegen:* He who is not with me is against me.
3. among	*unter:* Among other things I bought a book for my mother.
4. at	*bei:* Are you at work now?
5. by	*von, durch, mit:* Bread is made by the baker. (Passiv!) Britain has grown rich by manufacture. Do you go by train or by bus?
6. for	*für, um, nach, wegen:* Will you do that for me? We bought a lot of foodstuffs for two pounds. Is this the train for London? We didn't go out for the rain.
7. in spite of	*trotz:* We went out in spite of the rain.
8. through	*durch:* Through the scout's efforts the people in the bus were saved.
9. with	*mit:* He who is not against me is with me.
10. without	*ohne:* You must do that without delay.

Die wichtigsten Präpositionen II/The most important prepositions II

24. Jedenfalls hast du spätestens um 10 Uhr zu Hause zu sein.
25. Wegen des Sturmes konnte das Flugzeug nicht starten.
26. Ich bin 1978 geboren.
27. Trotz des schlechten Wetters bestiegen wir den Ben Lomond.
28. Der Schulleiter machte vor dem Unterricht eine Ansage.
29. Vor zwei Wochen waren wir in der berühmten Ausstellung von Picassos Bildern.
30. Gleich nach meiner Ankunft duschte ich mich.
31. Der Hund schläft jetzt schon seit unserem Mittagessen.
32. Das war eine sehr lange Reise; wir kamen erst (!) um 11 Uhr nachts an.
33. Vom wem ist der Roman Ivanhoe geschrieben worden?
34. Mittagszeit ist meistens zwischen 12 und 13 Uhr.
35. Natürlich sollte man nicht von 12 bis 13 Uhr essen.
36. Diese glückliche Dame bekam dadurch, daß sie heiratete, ein Vermögen.
37. Ich konnte das entgegenkommende Fahrzeug wegen des Dunstes nur schlecht sehen.
38. Der Lehrer läßt die Schüler die Wörter bis Freitag lernen.
39. Sogar Mädchen sollten während des Unterrichts nicht andauernd schwätzen.
40. Die englische Sprache umfaßt ungefähr 750.000 Wörter.
41. Ich glaube, es wäre besser, du würdest zwei Tage lang nichts essen.
42. Ein Deutscher kann kaum Englisch ohne deutschen Akzent sprechen.
43. Bitte warte auf mich, auch wenn der Zug Verspätung hat.
44. Als das Kind abends nicht zu Hause war, waren die Eltern fast außer sich vor Angst.
45. Es ist schon nach acht; du hättest eher kommen sollen.
46. Wenn du immer gegen mich kämpfst, kannst du nicht erwarten, daß ich dir helfe.

Lösung: 24. At any rate you have to be at home by 10 o'clock. 25. For (because of) the storm the plane could not take off. 26. I was born in (!) 1978. 27. Inspite of the bad weather we climbed Ben Lomond. 28. Before the lessons the headmaster (principal) made an announcement. 29. A fortnight ago we were in the famous exhibition of Picasso's paintings. 30. On (right after) my arrival I had a shower. 31. The dog has been sleeping since our lunch. 32. That was a very long journey; we did not arrive until 11 p.m. 33. By whom has the novel Ivanhoe been written? 34. Lunch time is mostly between 12 and 13 hours. 35. Of course you should not eat/ought not to eat from 12 to 13 hours. 36. This lucky lady got a fortune by marrying. 37. I could see the oncoming vehicle only badly for (because of) the mist. 38. The teacher makes the pupils learn/orders the pupils to learn the words till Friday. 39. Even girls should not keep chattering during the lessons. 40. The English language comprises about 750,000 words. 41. You had better eat nothing for two days. 42. A German can hardly speak English without a German accent. 43. Please wait for me, even if the train is late. 44. When the child was not at home in the evening, the parents were almost out of their minds with anxiety. 45. It's past eight; you should have come sooner. 46. When you are always fighting against me, you cannot expect me to help you.

45. Zeit- und Ortsangaben/Statements of time and place

Beachte: **at** noon, midday, night, midnight
in the morning, afternoon, evening

1. Bis spätestens Weihnachten mußt du letzte Hand an diese Arbeit gelegt haben.
2. Die Arbeit beginnt gewöhnlich um 7 Uhr morgens bei dieser Firma.
3. Hole mich bitte pünktlich um 7 Uhr abends ab, damit wir nicht zu spät ins Theater kommen.
4. In Deutschland gibt es an Weihnachten, Ostern und Pfingsten kurze Ferien.
5. Jeder weiß, daß London an der Themse liegt.
6. Im Sommer liegen die Leute oft stundenlang an den Stränden und bräunen sich, was sehr dumm ist.
7. Auf den Meeren fahren heute viel mehr Schiffe als im letzten Jahrhundert.
8. Über diesen Fluß führt eine neue Brücke.
9. Der Fluß ist so reißend; ich kann nicht über ihn schwimmen.
10. Wenn ich Zeit hätte, würde ich am Nachmittag Tennis spielen.
11. Die meisten Leute sehen am Abend fern; ich denke, daß das Programm um Mitternacht zu Ende sein sollte.
12. Morgens bin ich oft müde; ich fürchte, ich schlafe zuwenig.
13. Jetzt sind wir 50 Minuten gefahren und fahren nochmals 40 Minuten.
14. Man kann beim Schreibwarenhändler alle möglichen Dinge kaufen.
15. Hast du bemerkt, daß das ein fünfstündiger Marsch war?
16. Nächste Woche werde ich meinen Onkel besuchen, der in der Nähe von Berlin wohnt.
17. Ich bin am zweiten Mai neunzehnhundertsechsundsiebzig geboren.
18. Mein Vater ist am 21. April in München geboren.
19. Von Bayern nach Südtirol fährt man am besten über Österreich.
20. Der Unfall passierte heute vor 8 Tagen.
21. Die Schule beginnt heute in 8 Tagen.

Lösung: 1. You must have put the finishing touches to that work by Christmas. 2. At this firm work usually begins at 7 o'clock in the morning. 3. Please come for me punctually at 7 p.m. so that we are not late for the theatre. 4. In Germany there are short holidays at Christmas, Easter and Whitsun. 5. Everybody knows that London is situated on the Thames. 6. In summer people often lie on the beaches for hours and get tanned, which is very silly. 7. In the seas far more ships sail nowadays than in the last century. 8. A new bridge leads across that river. 9. That is so torrential a river; I cannot swim across (it). 10. If I had time I would play tennis in the afternoon. 11. Most people watch TV in the evening; I think the programme should be at an end at midnight. 12. In the morning I am often tired; I'm afraid I sleep too little. 13. Now we have driven for 50 minutes and will drive for another 40 minutes. 14. You can buy all sorts of things at the stationer's. 15. Did you notice that that was a five hours' walk? 16. Next week I'll see my uncle, who lives near Berlin.* 17. I was born on May (the) second nineteen seventy-six. 18. My father was born on April 21st in Munich. 19. The best route from Bavaria to South Tyrol is via Austria. 20. The accident occurred this day last week. 21. School will begin this day week.

* *In der Nähe* niemals: *in the near!* Höchstens: *in the vicinity.*

46. Kommasetzung/The use of the comma

Beachte: Die deutsche Kommasetzung richtet sich nach der **Grammatik;** die englische nach dem **Atem.** Natürlich weiß der Engländer, wann er eine Atempause macht; er wächst in die Gewohnheiten der Satzmelodie hinein. Dabei gibt es viele persönliche Freiheit. Es bestehen aber einige Regeln, die auch wir Deutsche verhältnismäßig leicht lernen können. Diese Regeln sind allerdings nicht so starr wie die für die deutsche Kommasetzung.

Das Komma steht (abweichend vom Deutschen)
- vor and und or bei Aufzählungen: I bought plums, pears, and apples;
- vor und nach however, too, therefore, of course, in fact: My eldest son, however, did not give up.
- nach Umstandsbestimmungen, vor allem, wenn sie lang sind: After the Easter term, I was lucky enough to get a job as a temporary worker; as for the poor persons, nobody cared for them.
- nach gewissen Ausdrücken, die meist am Anfang des Satzes stehen: on the other hand, on the contrary, besides, anyhow, moreover: On the other hand, that hard work was quite useful for me.
- als Alternative für den Doppelpunkt bei der direkten Rede: She said, "What's the matter with you?"
- nach der Anrede in Briefen: Dear Sirs, . . . (amerikanisch Sir:)

Das Komma steht nicht (abweichend vom Deutschen)
- vor that (bezügliches Fürwort und Bindewort) und vor allen notwendigen Relativsätzen: This is the book (that) I like best. I hope that he will be here in time. Aber: I thank you very much for your letter, which I received yesterday.
- vor indirekten Fragesätzen und Adverbialsätzen des Ortes und der Zeit: I asked him if he knew that. I could not find out where he was. My father was out when somebody wanted to see him.
- Vor Infinitivsätzen und beim Gerund: It is fine to have a good friend. Before going to the States my son studied physics.

---

1. Obwohl es regnete, konnten wir das Spiel beenden.
2. Ich habe dir diese Sache erklärt, aber du scheinst zu dumm zu sein.
3. Wir wurden gefragt, ob wir ein Hotel erster oder zweiter Klasse wollten.
4. Sie sprachen über Tagesnachrichten, nachdem sie sich in der Halle hingesetzt hatten.
5. Der Student schaffte es nach einigen Versuchen, seinen akademischen Grad zu bekommen.
6. Meine Mutter fühlte sich natürlich in diesem Klima nicht wohl.
7. Warum stehst du auf und läufst hinaus, ohne mir ein Wort zu sagen?
8. In einer kalten Winternacht im Januar saß ich am Bett meines alten Vaters.
9. Als er zuletzt starb, war ich unaussprechlich traurig.
10. Du solltest nie vergessen, daß du zuallererst deine Pflichten erfüllen mußt.

Lösung: 1. Although it was raining, we could finish the match. 2. I have explained that thing to you, but you seem too stupid. 3. We were asked whether we wanted an hotel first or second class. 4. They talked about daily news after sitting down in the lounge. 5. The student, after several attempts, managed to get his degree. 6. Of course, my mother did not feel all right in that climate. 7. Why do you stand up and run out without saying a word to me? 8. On a cold winter's night in January, I sat at my old father's bedside. 9. When, at last, he died, I was unspeakably sad. 10. You should never forget that, first of all, you have to fulfil your duties.

47. Der bestimmte Artikel/The definite article

Beachte: Der bestimmte Artikel hebt eine (meist einmalige) Erscheinung oder Tatsache heraus. Bei allgemeinen Aussagen steht kein bestimmter Artikel.

1. Das Leben ist lebenswert, ist wert, daß man dafür arbeitet.
2. Das Leben, das alte Rennpferde leben, ist trübselig.
3. Jeder weiß, daß die Zeit schnell vergeht.
4. Die Ehe kann etwas Wunderbares und Bereicherndes sein.
5. In der Zeit von Walter Scott begann man das Mittelalter zu erforschen.
6. Der junge Fritz ist ein tollkühner Kerl.
7. Der Herbst ist die Jahreszeit der Ernte.
8. Im Herbst 1991 gab es eine Art Bürgerkrieg in Jugoslawien.
9. Jedes Kind in Europa muß zur Schule gehen (Unterricht!).
10. Die Schule ist gerade um die Ecke (Gebäude!).
11. Die Millers gehen nur an Weihnachten in die Kirche.
12. Wir hörten letzten Sonntag einem phantastischen Konzert in der Kirche zu.
13. Die meisten Studenten verbringen etwa 5 Jahre an der Universität.
14. Das ist das eindrucksvollste Schauspiel, das ich je gesehen habe.
15. Ich kann einen Lastwagen nicht mehr fahren; ich bin völlig aus der Übung.
16. Auf den ersten Blick erkannte ich, daß sie ein intelligentes Mädchen war.
17. Mit Hilfe eines Wörterbuches konnte ich diesen Abschnitt ins Englische übersetzen.
18. Das Problem wurde von Anfang an falsch angegangen.
19. Im Vereinigten Königreich ist, mit Ausnahme der Abkömmlinge der Kelten, Englisch die Muttersprache aller Leute.
20. Bitte komm pünktlich zum Mittagessen; wir warten nicht auf dich.
21. Kommst du zu dem großen Mittagessen, das wir morgen haben werden?
22. Alle Passagiere mögen sich auf das Schiff begeben.

Lösung: 1. Life is worth living, is worth working for. 2. The life old racing-horses live is dreary. 3. Everybody knows that time passes quickly. 4. Marriage (married life) can be something wonderful and enriching. 5. In the time of Walter Scott people began to explore the Middle Ages. 6. Young Fred is a daredevil. 7. Autumn is the season of harvest. 8. In the autumn of 1991 there was sort of civil war in Yugoslavia. 9. Every child in Europe has to go to school. 10. The school is just round the corner. 11. The Millers go to church only at Christmas. 12. Last Sunday we listened to a marvellous concert in the church. 13. Most students spend about five years at the university. (Most in der Bedeutung von fast alle!) 14. That's the most impressive drama I have ever seen. 15. I can't drive a lorry any more; I'm totally out of practice. 16. At first sight I realized that she was an intelligent girl. 17. With the help of a dictionary I could translate that passage into English. 18. The problem was tackled in the wrong way right from the beginning. 19. In the U.K. all people's mother-tongue is English, with the exception of the descendants of the Celts. 20. Please come to lunch in time; we don't wait for you. 21. Are you coming to the big lunch we are having tomorrow? 22. All passengers are requested to go aboard ship now.

48. Der unbestimmte Artikel/The indefinite article

Beachte: Der unbestimmte Artikel steht meist bei Berufen und bei besonderen Fügungen.

1. Mein Bruder wurde Lehrer.
2. Solch ein Haus ist genau das, wovon ich oft geträumt habe.
3. Was für ein schreckliches Wetter haben wir heute!
4. In gewissem Sinn kann man sagen, es ist subtropisch.
5. Mein Vater war früher Makler, bevor er Lokomotivführer wurde.
6. Ich gehe gewöhnlich zweimal im Monat ins Theater.
7. Wir haben diese Holzstatue als Geschenk bekommen.
8. Die gestrige Party war sehr nett, aber heute habe ich Kopfweh.
9. In der Regel sollten Sie auf normalen Landstraßen nicht mehr als 50 Meilen in der Stunde fahren.
10. Meine Großmutter pflegte jeden Tag eine halbe Flasche Milch zu trinken.
11. Der Doktor sagte mir, ich solle zwei Pillen am Tag nehmen.
12. Tolle Überraschung, daß du vorbeigeschaut hast; nimm Platz!
13. Bitte halte mich nicht länger auf; ich bin in Eile.
14. Reden wir zur Abwechslung von etwas anderem!
15. Nach den langen Diskussionen müssen wir zum Ende kommen.
16. Welchen Mann du wohl irgendwann heiraten wirst?
17. Was für ein Durcheinander! Ich bin entrüstet.
18. Glücklicherweise bin ich in der Lage, dir 20.000 Mark zu leihen.
19. Eine gute Henne legt im Durchschnitt jede Woche fünf Eier.
20. Der Kapitän rief mit lauter Stimme: »Alle Passagiere jetzt bitte aufs Schiff gehen!«
21. Als mein Freund noch mehr Geld haben wollte, wehrte ich auf freundliche Weise ab.
22. Immer wieder versuchen Leute ohne Fahrkarte mit dem Zug zu fahren.

Lösung: 1. My brother became a teacher. 2. Such a house is exactly what I've often dreamt of/ is the very thing I've . . . 3. What terrible weather we have got today! 4. In a sense one can say it's subtropical. 5. My father used to be a broker, before he became an engine-driver. 6. I usually go to the theatre two times a month. 7. We got this wooden statue as a present. 8. The party yesterday was very nice, but today I have a headache. 9. As a rule, you should not go more than 50 miles p.h. on normal highways. 10. My granny used to drink half a bottle of milk every day. 11. The doctor told me to take two pills a day. 12. Quite a surprise (that) you dropped in; take (have) a seat! 13. Please don't keep me any longer; I am in a hurry. 14. Let's talk about something different for a change! 15. After the long discussions we must come to an end. 16. I wonder what sort of man you'll marry sometime. 17. What a mess! I am disgusted. 18. Fortunately I am in a position to lend you 20,000 marks. 19. A good hen lays five eggs every week on an average. 20. The captain shouted: "All passengers go aboard ship now please!" 21. When my friend wanted to have even more money, I refused in a friendly manner. 22. Again and again people try to go by train without a ticket.

49. Pronomen/Pronouns

1. Das waren nette Leute, und dies sind die Geschenke, die sie gebracht haben.
2. Die Jungen rannten mit der Mütze auf dem Kopf aus dem Gebäude heraus.
3. Dein Wagen schaut schöner aus, aber der unsere ist bequemer.
4. Peter ist ein Freund von mir, nicht von ihr.
5. Wer ist dieses Mädchen? Es ist die Tochter meines Nachbarn.
6. Mutter wollte immer einen Garten; jetzt hat sie ihren eigenen Garten.
7. Auch mein Großvater hat einen eigenen Garten.
8. Wer ist draußen? Es ist eine fremde Person.
9. Als ich an die Tür klopfte, rührte sich nichts. Niemand war zu Hause.
10. Wirst du von Amerika wieder zurückkommen? Ich hoffe es.
11. Ich liebe es, Musik zu hören.
12. Wirst du einmal ein berühmter Politiker? Ich denke, nicht.
13. Was für eine Farbe hat dein Hemd?
14. Welcher von diesen Jungen, denkst du, ist mein Sohn?
15. Neulich hatte ich eine Gelegenheit, mit dem Präsidenten selbst zu sprechen.
16. Ja, glaube mir: Ich selbst sprach mit ihm.
17. Sie schaute in den Spiegel und konnte sich sehen.
18. Die zwei Freunde trafen sich plötzlich auf der Straße und schauten sich an.
19. Da ging mein alter Lehrer; aber ich wußte zuerst nicht, daß er es war.
20. Wenn du nicht gewesen wärst, wäre ich ertrunken.
21. Bitte nimm den Finger aus der Nase!
22. Geht jetzt in den Garten und amüsiert euch!
23. Als wir das Haus reparierten, mußten wir viele Dinge selbst machen.
24. Welches Auto findest du hübscher? Dieses oder jenes?
25. Wir können miteinander wie gute Freunde sprechen.

Lösung: 1. Those were nice people and these are the presents they brought. 2. The boys ran out of the building with their caps on their heads. 3. Your car looks nicer, but ours is more comfortable. 4. Peter is a friend of mine, not of hers. 5. Who is this girl? She is my neighbour's daughter. 6. Mother always longed for a garden; now she has got her own garden. 7. My grandfather has a garden of his own, too. 8. Who is outside? It's a strange person. 9. When I knocked at the door, nothing stirred. Nobody was at home/was in. 10. Will you come back from America? I hope so. 11. I like to listen to music. 12. Are you going to become a famous politician? I don't think so. 13. What colour is your shirt? 14. Which of these boys do you think is my son? 15. The other day I had an opportunity of talking to the president himself. 16. Yes, believe me: I talked to him myself. 17. She looked into the mirror and could see herself. 18. Suddenly the two friends met in the street and looked at each other. 19. My old teacher was walking there; but I didn't know at first that it was him. 20. If it hadn't been for you, I would have been drowned. 21. Please take your finger out of your nose! 22. Now go into the garden and enjoy (amuse) yourselves! 23. When we repaired the house, we had to do a lot of things ourselves. 24. Which car do you think nicer? This one or that one? 25. We can talk to each other like good friends.

50. All(e) - ganz - jeder - kein

1. Sagen Sie die Wahrheit, die ganze Wahrheit, und nichts als die Wahrheit!
2. In diesem Geschäft kann man nicht alles kaufen.
3. Alle Leute müssen versuchen, mit ihren Mitteln auszukommen.
4. In diesem Klassenzimmer sind 30 Jungen; jeder hat 3 Arbeitshefte.
5. Iß nicht die ganze Zeit! Du solltest das bloß etwa alle 5 Stunden tun.
6. Alle Leute lagen am Strand, um braun zu werden.
7. Du kannst jeden Tag kommen: Montag und Dienstag und Mittwoch.
8. Du kannst jeden (beliebigen) Tag kommen: Montag oder Dienstag oder Mittwoch.
9. Jeder sollte zur Wahl gehen.
10. Ich schaute in die Kirche; überhaupt niemand war drinnen.
11. In diesem Laden kann man überhaupt nichts Vernünftiges kaufen.
12. Sieh mal diese zwei Männer an! Jeder trägt einen komischen Hut.
13. Ich fand beide Mädchen ziemlich intelligent; aber keines wußte, wie man rhythm schreibt.
14. Er war von beiden Plänen enttäuscht; er wollte keinen ausarbeiten.
15. Sagen Sie, wann ich kommen darf! Jederzeit, wann es Ihnen paßt.
16. Keiner von uns wußte, wie man weitermachen sollte.
17. Keiner der zwei Männer gefiel mir.
18. Ich würde mit keinem von beiden ein Geschäft machen.
19. In dieser Stadt zu leben ist alles andere als angenehm.
20. Ich fürchte, ich gab all mein Geld im Biergarten aus.
21. Meine Tochter benimmt sich ganz anders, wenn sie einen jungen Mann sieht.
22. Ich ging jeden zweiten Tag ins Krankenhaus, um zu sehen, wie es ihm ging.
23. Alle Patienten waren im Zimmer außer ihm.
24. Die ganze Familie war glücklich, weil alle Kinder einen Preis gewonnen hatten.

Lösung: 1. Tell the truth, the whole truth, and nothing but the truth! 2. In this business you cannot buy everything. 3. All persons must try to make both ends meet. 4. In this classroom there are 30 boys; each has (got) three workbooks. 5. Don't eat all the time. You should do so only about every five hours. 6. Everybody/everyone lay on the beach to get tanned. 7. You can come every day: Monday and Tuesday and Wednesday. 8. You can come any day: Monday or Tuesday or Wednesday. 9. Everyone should go to the polls. 10. I looked into the church; none at all was in there. 11. In this shop you can't buy anything reasonable. 12. Have a look at these two men! Each is wearing a funny hat. 13. I thought both girls fairly intelligent; but neither knew how to spell rhythm. 14. He was disappointed at both plans; he refused to work out either. 15. Tell me when I may come! (At) any time when it suits you. 16. None of us knew how to go on. 17. I liked neither of the two men. 18. I wouldn't do business with either of them. 19. To live in this town is anything but pleasant. 20. I'm afraid I spent all my money/ the whole of my money in the beergarden. 21. My daughter behaves completely different, when she sees a young man. 22. I went to the hospital every other day to find out how he was. 23. All patients were in the room but him. 24. The whole family were happy, because all children had won prizes.

51. Some - any

Beachte: Some, somebody ... meist in Aussagen;
Any, anybody ... meist in Fragen, bei denen nein erwartet wird, und in Verneinungen; ferner in der Bedeutung jeder beliebige.

1. Es ist besser, wenn man für Notfälle etwas Geld bei sich hat.
2. Ich hoffe immer noch, ich werde irgendwann ein berühmter Politiker sein.
3. Manchmal habe ich das Gefühl, ich sollte die ganze Menschheit hassen.
4. Ich weiß davon nichts. (Doppelt übersetzen!)
5. Kannst du mir irgendeinen schönen Platz sagen, wo ich meinen Urlaub verbringe?
6. Ich fürchte, ich kann dir keinen Platz sagen, der dir gefällt.
7. Hättest du gerne etwas zu essen?
8. Haben Sie Bier im Haus?
9. Du kannst mich zu jeder (denkbaren) Zeit, die du magst, besuchen.
10. Ich denke, ich habe Sie irgendwo gesehen.
11. Du kannst so etwas schon haben; aber sage mir klar, was du willst.
12. Jeder hier hätte mir sagen können, daß ich in die falsche Richtung gehe.
13. Ich fürchte, dieser Plan kann sich an irgendeinem Tag als schlecht erweisen.
14. Kann ich dich morgen um 6 Uhr abends irgendwo treffen?
15. Das hilft uns nicht weiter.
16. Gibt es in diesem Laden Nägel? Ja .../Nein ...
17. Jeder könnte sagen, daß unser blauer Planet nicht für immer bestehen wird.
18. Ich bin sicher, daß jemand an der Tür geklopft hat.
19. Öffne die Tür und schau, ob jemand draußen ist.
20. Ich habe die Tasche auf dem Speicher nicht gefunden. Sie muß sonstwo sein.
21. Ich habe nie so etwas Dummes gesehen.
22. Er arbeitete hart, aber augenscheinlich ohne irgendeinen Erfolg.

Lösung: 1. For emergencies it's better to have some money on you. 2. I still hope I'll be a famous politician sometime (sometime schrieb man früher getrennt, jetzt wie sometimes = manchmal zusammen!). 3. Sometimes I have the feeling I should hate the whole mankind. 4. I don't know anything about that./I know nothing about that. 5. Can you tell me some beautiful place to spend my holidays? 6. I'm afraid I can't tell you any place you like. 7. Would you like something/anything to eat? (Something sagt, daß sicher etwas da ist; anything klingt unbestimmt.) 8. Have you got some/any beer in your house? 9. You can come and see me any time you like. 10. I think I have seen you somewhere. 11. You can have something like that; but tell me clearly what you want. 12. Anybody here could have told me that I go in the wrong direction. 13. I'm afraid this plan may turn out badly some day. 14. Can I meet you anywhere tomorrow at 6 p.m.? 15. That won't get us anywhere. 16. Are there some/any nails in this shop? (Bei any starke Zweifel!) Yes, we have got some; no, we haven't got any. 17. Anybody could say that our blue planet will not exist forever. 18. I am sure that somebody knocked at the door. 19. Open the door and look if somebody is out there. 20. I haven't found the bag in the attic; it must be somewhere else. 21. I have never seen anything as stupid as that. 22. He worked hard, but apparently without any success.

52. Viel(e) - wenig(e) - manch

Beachte: Einzahl much, Mehrzahl many; Steigerung für beide more, most;
Einzahl little, Mehrzahl few; Steigerung less, least; fewer, fewest;
bei Frage und Verneinung werden much/many bevorzugt; ansonsten a lot of, lots of, plenty of.

1. Ich habe leider nicht viel Zeit für dich; ich muß den ganzen Tag arbeiten.
2. In unserer Schule gibt es viele Schüler, die Spanisch lernen.
3. Als ich letztes Jahr in England war, habe ich nicht viele alte Autos gesehen.
4. Wenn ich viel Geld hätte, würde ich nicht so viele Stunden arbeiten.
5. Ich verdanke dir viel, aber ich kann dir nicht immer danken.
6. Er hat nicht soviel Geld und nicht so viele Freunde wie ich.
7. Er hat mehr Geld und mehr Freunde als ich.
8. Meine Schwester hat immer wenig Zeit und wenig Freundinnen.
9. Sie hat viel weniger Zeit und weniger Freundinnen als Joan.
10. Bei dem Pferderennen waren sehr viele Leute.
11. Willst du noch mehr Tee? Wir haben eine ganze Menge (davon).
12. Es tut mir leid, ich habe nicht viel Geld auszugeben.
13. Viele Leute mögen englisches Essen nicht.
14. Jeder, der eine Menge Würste ißt, nimmt viel zu.
15. Was du tust, ist viel zuwenig, um gute Noten zu bekommen.
16. Meine Mutter hat das meiste Geld von uns allen.
17. Meine Frau sagt, sie habe die wenigsten Hüte.
18. Wer jedem wenig gibt, könnte vielen etwas geben.
19. Wie viele Freunde hast du? (Zehn) Sind das nicht zu viele?
20. Sie können mir viele Münzen als Wechselgeld geben.
21. Kann ich ein wenig Pudding haben?
22. Geh ins Café; du wirst manchen Bekannten treffen.
23. Er hat zu diesem Thema viel Forschung geleistet.

Lösung: 1. Sorry, I haven't (got) much time for you. I must work the whole day. 2. In our school there are a lot of students who learn Spanish. 3. When I was in England last year, I didn't see many old cars. 4. If I had a lot of (heaps of) money, I wouldn't work so many hours. 5. I owe much (a lot) to you; but I cannot always thank you. 6. He hasn't got as much money and as many friends as I. 7. He has got more money and more friends than I. 8. My sister always has little time and few girlfriends. 9. She has got far (!) less time and fewer girlfriends than Joan. 10. There were lots of people at the horse race. 11. Do you want more tea? We have got a lot. 12. Sorry, I haven't got much money to spend. 13. A lot of people don't like English food. 14. Whoever eats plenty of sausages gains much weight. 15. What you do is far too little to get good marks. 16. My mother has got the most money of all of us. 17. My wife says she has the fewest hats. 18. Who gives little to everybody could give something to many. 19. How many friends have you (got)? (Ten) Are they (those) not too many? 20. You may give me plenty of coins as change. 21. May I have a little pudding please? 22. Go into the café; you will meet many an acquaintance. 23. He has done a good deal of research on that subject.

53. Zahlwörter/Numerals

1. Soweit ich weiß, laufen in Deutschland etwa 40 Millionen Autos.
2. Wenn die Wüsten in Afrika weiter so wachsen, werden Millionen von Menschen nach Europa auswandern.
3. Die Bücherei ist nicht offen am ersten, zweiten, dritten und einundzwanzigsten Januar neunzehnhundertzweiundneunzig.
4. Die Hälfte der deutschen Bevölkerung ist älter als vierzig Jahre.
5. Zwei Drittel des englischen Volkes wollen ein eigenes Haus haben.
6. Die Stadtmitte ist genau 0,75 km entfernt von hier.
7. Der Zug nach Edinburgh fährt um dreizehn Uhr ab.
8. Seine Kenntnisse waren gleich Null.
9. Das Thermometer zeigt heute fünfzehn Grad unter Null.
10. Ich habe dir das hundertmal gesagt; warum tust du es nicht?
11. Zwölf minus zwölf bleibt null.
12. Du kannst das einmal, zweimal oder dreimal machen, aber nicht öfter.
13. In den fünfziger Jahren dieses Jahrhunderts gab es das deutsche Wirtschaftswunder.
14. Letztes Jahr schneite es dreimal so viel wie vor fünf Jahren.
15. Nimm diesen Stoff einfach, nicht doppelt!
16. Bald werden drei Fünftel der Deutschen Autos haben.
17. Das hat nicht lange gedauert; bloß eine Dreiviertelstunde.
18. Dieses Buch kostet 12,80 DM.
19. Geben Sie mir bitte ein Viertelpfund Butter.
20. Zweimal drei ist sechs.
21. Jetzt ist es halb fünf; nein, es ist 20 Minuten vor fünf.
22. Ich habe einen ziemlichen Betrag auf dieses Pferd gewettet; aber ich habe das Geld zehnfach zurückbekommen.

Lösung: 1. As far as I know there run about forty (!) million cars in Germany. 2. When the deserts in Africa go on growing like that, millions of people will emigrate to Europe. 3. The library is not open on January (the) first, (the) second, (the) third, and (the) twenty-first nineteen hundred and ninety-two. 4. Half of the German population is older than forty years. 5. Two thirds of the English people want to have houses of their own. 6. The centre of the town is exactly point seventy-five (.75) kilometres away from here. 7. The train for Edinburgh leaves at thirteen hours. 8. His knowledge was equal to nought. 9. Today the thermometer shows fifteen degrees below zero. 10. I told you a (!) hundred times; why don't you do it? 11. Twelve minus twelve leaves nought. 12. You can do that once, twice or three times, but not more often. 13. In the fifties of this century there was the German economic miracle. 14. Last year it snowed three times as much as five years ago. 15. Take this cloth single, don't take it double! 16. Soon three fifths of the Germans will have cars. 17. That didn't take long; only three quarters of an hour. 18. This book costs 12.80 (gesprochen twelve point eighty) German marks. 19. Please give me a quarter pound of butter. 20. Twice three are six. 21. Now it's half past four; no, it's twenty minutes to five. 22. I put in quite an amount of my money on that horse; but I got back the money tenfold.

54. Umstellung - Hervorhebung/Inversion - emphasis

1. Im Jahre 1775 begann der amerikanische Unabhängigkeitskrieg.
2. Nicht weit von Manhattan steht die Freiheitsstatue.
3. Nie zuvor hatte ich eine so gigantische Stadt gesehen.
4. Kaum tauchten die Wolkenkratzer auf, als alle Fahrgäste sie sehen wollten.
5. So eindrucksvoll wirkte dieser Anblick.
6. Die *Indianer* fürchte er nicht; solch eine Antwort erwartete er nicht.
7. Die *Tante* ist im Irrtum.
8. *Washington* (Akkusativ!) sandte der Gouverneur in das Ohio-Tal.
9. *Gefährliche Aufträge* liebte er.
10. *Auf Mount Vernon* lebte er als Pflanzer.
11. *Letztes Jahr* war mein amerikanischer Onkel hier.
12. Groß war unsere Freude, als wir von unseren Gasteltern empfangen wurden.
13. Es passiert selten, daß man, ohne zu arbeiten, so viel Geld bekommt.
14. Er gibt vor, das nicht getan zu haben. Sei es so.
15. *Die Brooklyn Bridge* überspannt den East River in einem Bogen.
16. *Washington* gewann die Unabhängigkeit für die amerikanischen Kolonien.
17. Der Junge konnte nicht still sitzen; plötzlich ging er davon.
18. »Ich mag viele amerikanische Festveranstaltungen, aber nicht alle«, sagte Jim.
19. Der Flüchtling versuchte vergeblich, das Boot zu erreichen.
20. Arbeitest du viel im Garten? Nein? Ich auch nicht.
21. Hätte er mir die Wahrheit früher gesagt, wäre alles anders gewesen.
22. Nach Regen kommt Sonnenschein.
23. Nur wenn er sich bewegt, kann man ihn sehen.

Lösung: 1. In 1775 began the American War of Independence. 2. Not far away from Manhattan (there) stands the Statue of Liberty. 3. Never before had I seen so gigantic a town. 4. No sooner did the skyscrapers appear than all passengers wanted to see them. 5. So impressive was that sight. 6. The Indians he did not fear; such an answer he did not expect. 7. It is the aunt who is mistaken. 8. It was Washington who(m) the governor sent into the Ohio valley. 9. It was (!) perilous missions (that) he liked. 10. It is at Mount Vernon that he lived as a planter. 11. It was last year that my American uncle was here. 12. Great was our joy, when we were received by our host-parents. 13. Seldom does it happen that you get so much (such a lot of) money without working. 14. He pretends not to have done that. Be it so. 15. It is Brooklyn Bridge which spans the East River in an arch. 16. It is Washington who won the independence for the American colonies. 17. The boy couldn't sit still; suddenly he went off/off he went. 18. "I like many (a lot of) American festivals, but not all of them", said Jim. 19. In vain did the fugitive try to reach the boat. 20. Do you work much in the garden? No, you don't? Nor/neither do I. 21. Had he told me the truth earlier, all would have been different. 22. After rain comes sunshine. 23. Only if he is moving can he be seen.

55. Noch einmal: Besonderheiten von Substantiven/Once more: special features of nouns

1. Jeder weiß, daß die Deutschen ein fleißiges Volk sind.
2. Europas Völker haben gemeinsame Absichten und Ziele.
3. Wenn du geschickt bist, kannst du schöne Kleidung aus Stoffen machen.
4. Unter den Bäumen sind zehn Schafe.
5. Die Vorbeigehenden wandten den (!) Kopf nicht, weil sie keine Zeit hatten.
6. Eine Schere ist ein gefährliches Instrument. Nichts für kleine Kinder.
7. Großmutter hat jetzt schon drei Scheren - und findet keine.
8. Meine Hose ist ganz neu; ich will sie nicht beschädigen.
9. Diese Treppe ist sehr steil. Paß auf!
10. Die Umgebung von Edinburgh ist lieblich.
11. Ich weiß nicht, ob diese Waage in Ordnung ist.
12. Die Ware wird eben ausgeladen.
13. Das Hauptquartier der Rebellen war in den Bergen.
14. Die Vereinigten Staaten sind das reichste Land auf dem amerikanischen Kontinent.
15. Das Grundstück ist so groß, daß ich es nicht kaufen kann.
16. Das Mittelalter war die Zeit von etwa 400 bis 1500.
17. Wo ist meine Brille? Hast du sie gesehen?
18. Der Inhalt des Gefäßes ist überraschend groß.
19. Um mein Ziel zu erreichen, verwendete ich ein besonderes Mittel, das sehr wirksam ist.
20. In Hotels spielt man manchmal Billard.
21. Die Regierung hat alles unternommen, um den Frieden zu wahren.
22. Das Publikum wird gebeten, nicht zu rauchen.
23. Während wir weg waren, wurden die Möbel beschädigt; ein Möbelstück war von Kindern vollgekritzelt.

Lösung: 1. Everybody knows that the Germans are an industrious people/nation. 2. The peoples of Europe have common intentions and aims. 3. If you are clever, you can make beautiful clothes of cloths. 4. Under the trees there are ten sheep. 5. The passers-by did not turn their heads, because they had no time. 6. Scissors are a dangerous instrument. Nothing for little children. 7. Grandmother has now got as many as three pairs of scissors - and she finds none (of them). 8. My trousers are quite new; I don't want to spoil them. 9. These stairs are very steep. Watch out! 10. The surroundings of Edinburgh are lovely. 11. I don't know whether those scales are all right (umgangsengl. alright). 12. The goods are being unloaded. 13. The headquarters of the rebels were in the mountains. 14. The United States is the richest country on the American continent. 15. The premises are so large (that) I cannot buy them. 16. The Middle Ages were the time from about 400 to 1500. 17. Where are my specs (spectacles, glasses)? Have you seen them? 18. The contents of the vessel are surprisingly big. 19. To reach my aim I used a special means, which is very effective. 20. In hotels billiard is sometimes played. 21. The government have undertaken everything to keep the peace. 22. The audience is requested not to smoke. 23. While we were away, the furniture was damaged; one piece of furniture was scribbled on by children.

56. Großschreibung - Trennung - Bindestrich/ Capitalization - division of syllables - hyphen

Beachte: Abgesehen von Überschriften, Satzanfängen und I werden nur Eigennamen **groß geschrieben:** Mrs Joan Stewart, Queen Elizabeth, the Protestant religion, Whitsun, God, the Thirty Years' War.

Die **Trennungsregeln** sind schwierig; deshalb trennt man am besten möglichst wenig. Einsilbige und kurze zweisilbige Wörter werden nicht getrennt: strength, come, tongue, some, house, owing, flower, enough. Für die übrigen Wörter gelten 2 Regeln, die sich etwas überschneiden. So kann es vorkommen, daß ein Wort auf zweierlei Art getrennt wird.
Trennung nach dem Bau des Wortes:
- Zusammensetzung: with-in, how-ever, pass-port, common-place
- Vorsilben: dis-ad-vantage, de-stroy, be-tween
- Nachsilben und Endungen: furi-ous, organ-ize, want-ed, tak-ing, great-est

Trennung nach Sprechsilben:
- Mitlaut nach langem Selbstlaut auf die nächste Zeile: wa-ter, fa-ther, na-tion, la-bour (ch, tch, dg, ph, sh, th gelten als *ein* Mitlaut!)
- Mitlaut nach kurzem Selbstlaut bleibt: moth-er, mon-as-tery
- Mitlautverdoppelung wird getrennt: get-ting, run-ning, big-ger
- bei zwei Mitlauten geht normalerweise der zweite auf die nächste Zeile: mas-ter, num-ber
- bei drei Mitlauten gehen die zwei letzten auf die nächste Zeile: an-swer, hun-dred
- l und r nehmen nach langem Selbstlaut den vorhergehenden Mitlaut zur nächsten Silbe: no-bly, ha-tred
- x und ck gehören immer zur vorhergehenden Silbe: box-es, pock-et

Der **Bindestrich** ist im modernen Englisch nicht mehr so häufig. Für manche Wörter gibt es keine feste Regel, ob man ihn setzen muß oder nicht. Zum Beispiel schreibt man seit einiger Zeit today, tomorrow, businessman. Wird eine Zusammensetzung als solche empfunden, steht meist ein Bindestrich: engine-driver, mother-in-law, good-for-nothing.

1. Wenn ich in Frankreich bin, nehme ich ein französisches Wörterbuch mit.
2. Bekanntlich ist Wilhelm der Eroberer im Jahre 1066 in England eingefallen.
3. In England gibt es nicht viele Katholiken; trotzdem hat London einen Erzbischof.
4. Das englische Außenministerium ist nicht weit von der Downing Street entfernt.
5. Die Bibel wurde einige Male ins Englische übersetzt.
6. Der Dreißigjährige Krieg wütete in vielen Teilen Europas.
7. Trenne: without, teacher, golden, realize, washes, calling, butter, recommended, nature, natural, children, sacred, govern, excitement
8. Setze einen Bindestrich, wenn angebracht: post war Germany, swimming pool, week end, anti German, dining room, waste paper basket

---

Lösung: 1. When I am in France I take a French dictionary with me. 2. Everybody knows (that) William the Conqueror invaded England in 1066. 3. In England there are not many Catholics; nevertheless London has an archbishop. 4. The English Foreign Ministry (Office) is not far away from Downing Street. 5. The Bible was translated into English several times. 6. The Thirty Years' War raged in many parts of Europe. 7. with-out, teach-er, gold-en, real-ize, wash-es, call-ing, but-ter, re-com-mend-ed, na-ture, nat-ural, chil-dren, sa-cred, gov-ern, ex-cite-ment. 8. post-war Germany, swimming-pool/swimming pool, weekend, anti-German, dining room, wastepaper basket

57. Überprüfe deine Wortwahl!/Check your choice of words!

1. Ich erinnere mich gerne an diesen wundervollen Abend.
2. Bitte erinnere mich, daß ich den Schlüssel suche, den ich gestern verlor.
3. Wenn du das siehst, erinnere dich an mich!
4. Papier wird in einer Fabrik gemacht, Autos werden in einer großen Fabrikanlage hergestellt.
5. Meine Frau erinnerte mich an den Geburtstag meiner Tante.
6. Es war eine schöne Zeit; ich erinnere mich gerne an sie.
7. Denk daran, mir einen Brief zu schreiben, wenn du in New York bist!
8. Ziemlich viele Fremde kommen nach Deutschland, um hier zu studieren.
9. Ich kann Ihnen den Weg nicht sagen, ich bin in Berlin selbst fremd.
10. Ein geistig wacher Mensch merkt bald, wie sich die Dinge entwickeln.
11. Bemerkst du nicht, wie albern du bist?
12. Darf ich bemerken, daß ich in dieser Diskussion keinen Sinn sehe?
13. Ich telefonierte mit der Sekretärin des Kardinals, wann ich ihn besuchen könnte.
14. Als Austauschschüler besuchte ich den Unterricht in der örtlichen Highschool.
15. Morgen werde ich einen alten Freund besuchen, der jetzt hier wohnt.
16. Besuche mich irgendwann nächste Woche!
17. Könntest du mir die Zeitung aus dem Wohnzimmer bringen?
18. Bitte bring dieses Paket zur Post.
19. Ich möchte gern wissen, wie ich am besten in die USA kommen kann.
20. Wie geht es Ihnen heute?
21. Das kann mich verrückt machen; immer wieder geht die Uhr nicht.
22. Er kam zu mir und wollte, daß ich ihm helfe.
23. Sollst du wirklich dies alles tun?
24. Die Bibel sagt: »Du sollst nicht töten!«
25. Die Steuern sollen wieder hinaufgehen.

Lösung: 1. I like to remember that wonderful evening. 2. Please remind me to look for the key I lost yesterday. 3. When you see this, remember me! 4. Paper is made in a factory, cars are produced in a big plant. 5. My wife reminded me of my aunt's birthday. 6. It was a nice time; I like to remember it. 7. Remember to write me a letter, when you are in New York! 8. Quite a lot of foreigners come to Germany to study here. 9. I can't tell you the way, I am a stranger in Berlin myself. 10. A clever person notices soon how things develop. 11. Don't you realize how silly you are? 12. May I remark (that) I don't see any point in that discussion? 13. I phoned the secretary of the cardinal when I could visit him. 14. As an exchange student I attended classes in the local highschool. 15. Tomorrow I'll (go and) see an old friend, who lives here now. 16. Come and see me sometime next week! 17. Could you bring me the newspaper from the living room? 18. Please take that parcel to the post office. 19. I wonder how I can best get to the USA. 20. How are you today? 21. That can drive me mad; again and again the watch doesn't work. 22. He came to me and wanted me to give him a hand. 23. Are you really (supposed) to do all that? 24. The Bible says: "Thou shalt not kill!" 25. The taxes are said to go up again.

Überprüfe deine Wortwahl!/Check your choice of words!

26. Ein altes Haus mag zum Anschauen schön sein, aber ich würde nicht darin wohnen mögen.
27. Wir lernen in der alten Geschichte, daß es immer Diktatoren gegeben hat.
28. Wenn dein Chef mit dir spricht, stehst du besser auf.
29. Am frühen Morgen würden einige Leute gerne im Bett bleiben, aber sie müssen irgendwann aufstehen.
30. Ein normaler Student braucht immer Geld.
31. Meine Frau sagt mir, daß ich dringend einen neuen Anzug brauche.
32. Um das Loch in meinem Rad zu flicken, brauche ich eine Menge Zeit.
33. Jeder Übersetzer gebraucht ein umfangreiches Wörterbuch.
34. Es wäre besser, du würdest dich für das, was du getan hast, entschuldigen.
35. Entschuldigen Sie bitte, ich wollte Sie nicht beleidigen.
36. Der Präsident erklärte: »Wir schaffen eine neue Weltordnung.«
37. Leider konnte ich nicht mitkommen; könnten Sie mir das nochmals erklären?
38. Wo bekomme ich ein gutes, billiges und reichliches Essen?
39. Nimm dir Zeit! Heute braucht es nicht ein schnelles Essen zu sein.
40. In einem Supermarkt kann man alles kaufen, natürlich einschließlich Eßwaren.
41. Vor wie vielen Jahren bist du nach Norwegen gefahren?
42. Meine Firma wünscht, daß ich nach Japan fahre und dort ein halbes Jahr verbringe.
43. Ist die Farbe des Meeres heute nicht faszinierend?
44. Ich fürchte, unser Haus braucht ziemlich bald eine neue Farbe.
45. Als wir über den Ärmelkanal fuhren, konnten wir Land auf jeder Seite sehen.
46. Soweit ich weiß, ist das größte Land in Westeuropa Frankreich.
47. Mach jetzt endlich fertig, damit wir zu unserer Tour aufbrechen können!

Lösung: 26. An old house may be nice to look at, but I wouldn't like to live in it. 27. In ancient history we learn that there have always been dictators. 28. When your boss talks to you, you had better stand up. 29. In the early morning some people would like to stay in bed, but they have to get up sometime. 30. A normal student always wants money. 31. My wife tells me (that) I urgently need a new suit. 32. To mend the puncture in my bike will take me a lot of time. 33. Every interpreter uses a voluminous dictionary. 34. You had better apologize for what you did. 35. Excuse me please, I didn't want to offend you. 36. The President declared: "We create a new world order." 37. Sorry, I could not catch up; could you explain that to me once more? 38. Where do I get a good, cheap, and substantial meal? 39. Take your time! Today it need not be fast food. 40. In a supermarket you can buy anything, of course including eatables. 41. How many years ago did you sail to Norway? 42. My firm wants me to fly to Japan and spend half a year there. 43. Isn't the colour of the sea fascinating today? 44. I'm afraid our house needs a new paint pretty soon. 45. When crossing the Channel we could see land on either side. 46. As far as I know the largest country in western Europe is France. 47. Now get ready at last so that we can set out for our tour!

Überprüfe deine Wortwahl!/Check your choice of words!

48. Kannst du dir vorstellen, wie froh ich bin? Das Meisterwerk ist fertig.
49. Ich nehme an, Sie sind eine sehr wichtige Person, weil Sie erster Klasse reisen.
50. Meine Tante war entzückt über das Geschenk; sie nahm es gerne an.
51. Ich bin knapp bei Kasse; kann ich von dir 100.000 Mark borgen?
52. Tut mir leid, alter Knabe, ich leihe niemandem Geld, weil ich keines habe.
53. Was werden wir mit dem betrunkenen Seemann machen?
54. Wer repariert die verstopfte Abflußröhre in unserer Wohnung?
55. Mein Mann macht regelmäßig viele Fotos in jedem Land, das wir besuchen.
56. Der Mann, der diesen Tisch machte, war ein guter Tischler.
57. Dieses Jahr gewann mein ältester Sohn den ersten Preis im Schwimmwettbewerb.
58. Der Preis, den ich für die Reparatur zu zahlen hatte, war schrecklich.
59. Von München nach Berlin – das ist nicht mehr als eine kurze Reise von ein paar Stunden.
60. Die Reise über den Atlantik ist kein Problem mehr.
61. Einige Amerikaner gehen auf eine Reise durch das alte Europa.
62. Die Koffer von Damen sind meistens unglaublich schwer.
63. Junge Leute haben lieber leichtes Gepäck.
64. Im allgemeinen ist das Leben von Waisen schwer.
65. Hättest du nicht eine schwerere Rechnung für mich finden können?
66. Rechnen ist leicht, wenn du das Einmaleins kannst.
67. Ich muß den Namen, der mir von meinen Eltern gegeben wurde, bis ans Ende meines Lebens tragen.
68. Es regnet; wäre es nicht besser, du trägst einen Hut?
69. Im Märchen kann Prinz Wunderbar leicht einen Elefanten tragen.

Lösung: 48. Can you imagine how glad I am? The masterwork is finished. 49. I assume you are a very important person, because you travel first class. 50. My aunt was delighted at the present; she accepted it gladly. 51. I am pushed for money; can I borrow 100,000 marks from you? 52. Sorry, old chap, I don't lend money to anybody, because I have none. 53. What shall we do with the drunken sailor? 54. Who fixes the clogged outlet pipe in our flat? 55. As a rule, my husband takes lots of photos in every country we visit. 56. The man who made this table was a good joiner. 57. This year my eldest son won the first prize in the swimming competition. 58. The price I had to pay for the repairs was horrible. 59. From Munich to Berlin – that's not more than a short trip of a couple of hours. 60. The voyage across the Atlantic is no longer a problem. 61. Some Americans go on a journey through Old Europe. 62. Ladies' suitcases are mostly unbelievably heavy. 63. Youngsters prefer light luggage. 64. Generally orphans' lives are hard. 65. Couldn't you have found a more difficult calculation for me? 66. Doing sums is easy, when you know the multiplication table. 67. I must bear the name I was given by my parents to the end of my life. 68. It's raining; hadn't you better wear a hat? 69. In the fairy tale Prince Wonderful can carry an elephant easily.

Überprüfe deine Wortwahl!/Check your choice of words!

70. Er zeigte mir seinen letzten Modeschlager: ein T-Shirt mit einem Löwen darauf.
71. Schau die Lehrerin an; sie zeigt auf der Weltkarte auf Afrika.
72. Ich bin wirklich froh; der Zug fährt jetzt so schnell.
73. Es ist viel bequemer, in einem Zug zu sitzen, als selbst zu fahren.
74. Mein kluger Freund hat selbst kein Auto; er fährt gewöhnlich in meinem Auto mit.
75. Großvater fährt nicht gerne mit dem Fahrrad, er fährt lieber in einem Zug.
76. Nein, dieser Schuh paßt mir nicht; er ist zu schmal.
77. Ich möchte diese Dinge mit dir heute abend besprechen; wird dir das passen?
78. Letztes Jahr war ich auf der Isle of Wight; da traf ich einen alten Bekannten von mir.
79. Wir warteten bis Mitternacht; da begann ein besonderes Programm.
80. Da alle die Party verließen, dankte ich dem Gastgeber und ging auch heim.
81. Kritik sollte aufbauend, nicht zerstörerisch sein.
82. Ein Kritiker muß wissen, daß er niemand beleidigen darf.
83. Ich habe erfahren, daß du die Bekanntschaft einer schönen Dame gemacht hast.
84. Hast du jetzt erfahren (erlebt), wie schwer das Leben einer Krankenschwester ist?
85. Wenn ich zu einem Ziel fahre, mag ich Umwege nicht; ich habe Abkürzungen lieber.
86. Du mußt das schon zugeben; ich lasse dir keinen Ausweg.
87. Können Sie mir sagen, wo der Ausgang zur Stadt ist?
88. Ich sehe keinen Ausweg mehr; ich weiß nicht, was zu tun ist.
89. Mein letzter Ausweg wird sein, meine Schwester um Geld anzupumpen.
90. Das Wasser war angestaut; es suchte sich einen Ausweg.

Lösung: 70. He showed me his latest fashion hit: a T-shirt with a lion on it. 71. Look at the teacher; she is pointing to Africa on a world map. 72. I am glad indeed; the train goes so fast now. 73. It's much more comfortable to sit in a train than to drive oneself. 74. My clever friend hasn't got a car himself; he is used to riding in my car. 75. Grandpa doesn't like to ride a bike any longer, he prefers to ride in a train. 76. No, this shoe doesn't fit me, it's too narrow. 77. I'd like to talk these things over with you tonight; will that suit you? 78. Last year I was in the Isle of Wight; there I met an old acquaintance of mine. 79. We waited as long as midnight; then a special programme began. 80. As everybody left the party, I thanked the host and went home as well. 81. Criticism should be constructive, not destructive. 82. A critic must know that he must not offend anybody. 83. I have learnt that you have become acquainted with a beautiful lady. 84. Have you now experienced how hard the life of a nurse is? 85. When driving to a destination I hate detours, I prefer shortcuts. 86. You must admit that; I don't leave you any way out. 87. Can you tell me where there is the exit to the town? 88. I am at my wit's end; I don't know what to do. 89. My last resort will be to touch my sister for money. 90. The water was dammed up; it sought an outlet.

58. Achte auf die Bedeutung!/Mind the meaning!

Beachte: Man spricht von »falschen Freunden« (false friends) oder Wortfallen (word traps); d.h., das englische Wort ist einem deutschen sehr ähnlich, hat aber eine völlig andere Bedeutung.

1. Arbeite mehr! Eventuell bekommst du die Zulassung zur Universität.
2. Die Mannschaft von Cambridge ruderte verzweifelt; aber schließlich verlor sie das Rennen.
3. Ich danke dir herzlich für diese großmütige Gabe.
4. Schade, daß so viel Gift im Wasser ist.
5. Mein Vater hat mir wiederholt gesagt: Spare Geld, wo du kannst.
6. Alle müssen Steuern zahlen. Der Staat kann niemanden ausnehmen.
7. Währungen kann man in Banken umtauschen.
8. Liebespaare verbringen manchmal halbe Nächte auf Bänken im Park.
9. Ich bin so schwach, und du bist so stark; deshalb mußt du mir helfen.
10. Der Yorkshire-Pudding war zu weich; er hat nicht gut geschmeckt.
11. Die aktuellen Nachrichten sind wie üblich schlimm.
12. In diesem raffinierten Krimi kann der tatsächliche Mörder erst am Ende ausgemacht werden.
13. Das Flugzeug konnte wegen des Nebels nicht starten.
14. Wann fängst du mit deinem neuen Buch an?
15. Dies ist nur ein schmaler Fußweg; da wirst du nicht weit kommen.
16. Kleine Kinder sind gewöhnlich den ganzen Tag über durstig.
17. Alle Zigaretten sind schädlich; die Marke Marlborough ist es auch.
18. Der Schiedsrichter legt den Ball für den Strafstoß auf den Elfmeterpunkt.
19. Die Noten sind schon auf euren Schulaufgaben.
20. Meine Meinung ist: Man sollte das Projekt nochmals ganz von vorne anfangen.
21. Kannst du das Konzert auswendig spielen - ohne Noten?
22. Vergiß nicht, die Anmerkungen am Ende des Artikels anzusehen.
23. Sei vernünftig! Und nicht immer so sensibel!

Lösung: 1. Work more! Possibly (perhaps) you'll get the admission to the university. 2. The Cambridge crew rowed desperately; but eventually they lost the race. 3. I thank you cordially for the generous gift. 4. It's a pity, there is so much poison in the water. 5. My father told me repeatedly: Save money where you can. 6. Everybody must pay taxes. The state can spare nobody. 7. Currencies can be exchanged in banks. 8. Lovers sometimes spend half nights on benches in the park. 9. I am so weak, and you are so strong; therefore you must help me. 10. The Yorkshire Pudding was too soft; it didn't taste good. 11. The topical news is nasty as usual. 12. In this sophisticated detective novel the actual murderer can't be spotted until the very end. 13. The plane could not take off for the fog. 14. When do you start with your new book? 15. This is only a narrow footpath; it won't take you far. 16. Small children usually are thirsty all day long. 17. All cigarettes are harmful; so is the Marlborough brand. 18. The ref puts the ball on the mark for the penalty kick. 19. The marks are already on your papers. 20. My opinion (view) is: The project should be begun (started) all over again. 21. Can you play the concert by heart - without music? 22. Don't forget to have a look at the notes at the end of the article. 23. Be sensible (reasonable)! And not always so sensitive!

Achte auf die Bedeutung!/Mind the meaning!

24. Wenn eine Person ausziehen will, muß sie kündigen.
25. Mach dir Notizen, sonst vergißt du alles.
26. Die Wolga ist der größte Strom Rußlands.
27. Hinter unserem Hause fließt ein Bach, der später in die Donau mündet.
28. Ich weiß nicht, warum viele Lehrer so streng sind.
29. Der Athlet, der den Ringkampf gewann, ist wirklich sehr stark.
30. Wie ist der Wechselkurs für DM heute?
31. In diesem Kurs kann jeder schnell Chinesisch lernen.
32. Mein Geschäft ist es, Waren anzupreisen.
33. Ich bin froh, daß ich mit dieser Sache nichts zu tun habe.
34. Wenn du alle möglichen Dinge kaufen willst, geh in ein Warenhaus.
35. Normale Kunden sind in einem Lagerhaus nicht zugelassen.
36. Eine Novelle ist durchaus nicht ein abgekürzter Roman.
37. Wir alle freuen uns auf dein Kommen im nächsten Jahr.
38. Ich freue mich sehr über das Ergebnis.
39. Jeder freut sich, daß endlich der Friede wiederhergestellt wurde.
40. Die Technik, eine Holzstatue zu schnitzen, muß gelernt werden.
41. Die moderne Technik ist das Schicksal aller künftigen Generationen.
42. Glaubst du, ich werde rechtzeitig in Bournemouth ankommen?
43. Ja, mach dir keine Sorgen; du wirst den Ort rechtzeitig erreichen.
44. Ich möchte nicht vor Gericht erscheinen; das kann ein langer Prozeß werden.
45. Der Recycling-Prozeß sollte stärker ausgeweitet werden.
46. Selbstsucht ist nicht ganz dasselbe wie Geltungsbedürfnis.
47. Geniale Komponisten sind selten.
48. Überall liebt man fröhliche (liebenswürdige) Leute.
49. Siehst du nicht, daß du dich blamiert hast?
50. Du kannst nicht mir die Schuld für diesen Mißerfolg geben.

Lösung: 24. When a person wants to move out, he/she must give notice. 25. Take down some notes, otherwise you forget everything. 26. The Volga is the biggest river of Russia. 27. Behind our house, there runs a stream which later empties into the Danube. 28. I don't know why many teachers are so strict. 29. The athlete who won the wrestling is very strong indeed. 30. What's the exchange rate for German marks today? 31. In this course everyone can learn Chinese quickly. 32. My business is to recommend goods. 33. I'm glad I have nothing to do with that affair. 34. If you want to buy all sorts of things, go into a department store. 35. Normal customers are not admitted to a warehouse. 36. A short novel (novelette) is not at all an abbreviated novel. 37. We all look forward to your coming next year. 38. I am very glad/happy about the outcome. 39. Everybody rejoices that peace was finally established again. 40. The technique of carving a wooden statue must be learnt. 41. Modern technology is the fate of all future generations. 42. Do you think I'll arrive at Bournemouth in time? 43. Yes, don't worry; you'll reach the place in time. 44. I don't like to appear in court; that's liable to become a long lawsuit. 45. The recycling process should be expanded more strongly. 46. Egoism is not quite the same as egotism. 47. Ingenious composers are rare. 48. Genial people are well liked everywhere. 49. Don't you see you have made a fool of yourself? 50. You can't blame me for that failure.

Achte auf die Bedeutung!/Mind the meaning!

51. Wie bekomme ich den Geldbetrag, den ich gerade brauche?
52. Wenn du so weitermachst, wird daraus nichts werden.
53. Bitte nimm Platz! Trinken wir zuerst ein Glas Whisky.
54. Das war die Stelle, wo der fürchterliche Unfall stattgefunden hat.
55. Der Gruppenführer wußte immer, was zu tun war.
56. Wenn du ein außergewöhnliches Essen bestellen willst, wendest du dich besser an den Küchenchef.
57. Ein Unternehmer ist eine Person, die meistens eine Fabrik besitzt.
58. Ein Leichenbestatter jedoch ist eine Person, die Leichen für die Beerdigung herrichtet.
59. Wenn du einen besonders feinen Kuchen backen willst, brauchst du ein Rezept.
60. Der Doktor versucht deine Beschwerden herauszufinden und gibt dir ein Rezept.
61. Wenn du deinen Koffer aufgibst, bekommst du einen Empfangsschein.
62. Die letzten Tage unseres Planeten werden nicht angenehm sein.
63. In den letzten Jahren hatte ich viel zu arbeiten.
64. Ich hoffe sehr, die nächsten Wochen in England zu verbringen.
65. Diese Aufgaben waren schwer; die nächsten werden leichter sein.
66. Liebe deinen Nächsten wie dich selbst! (Besonders, wenn sie hübsch ist.)
67. Sie müssen konsequent weiterarbeiten, sonst kommen Sie nicht zu Rande.
68. Physiker sind hochqualifizierte Wissenschaftler.
69. Wenn du eine medizinische Fakultät besucht hast, kannst du Arzt werden.
70. Bitte, sei vernünftig, und benimm dich nicht wie ein Narr!
71. Eine Fabrik kann allerlei Gegenstände herstellen.
72. Das Gewebe dieses Stoffes ist recht stark.
73. Ich fühle, diese Person ist nett, wirklich sympathisch.
74. Ich habe nie jemand getroffen, der so einfühlsam ist wie du.

Lösung: 51. How do I get the amount of money I just need? 52. If you proceed like that, nothing will become of it. 53. Please take a seat! Let's have a glass of whisky first. 54. That was the spot where the terrible accident took place. 55. The chief of the group always knew what to do. 56. If you want to order an extraordinary dinner, you'd better contact the chef. 57. An entrepreneur/employer is a person who mostly owns a factory. 58. An undertaker, however, is a person who prepares bodies for burial. 59. If you want to bake an extra fine cake, you'll need a recipe. 60. The doctor tries to find out your aches and gives you a prescription. 61. When you deposit your suitcase, you get a receipt. 62. The last days of our planet won't be agreeable. 63. In the last few years I had to work a lot. 64. I do hope to spend the next few weeks in England. 65. Those tasks were difficult; the next ones will be easier. 66. Love thy neighbour as thyself! (Especially if she is pretty.) 67. You must work on consistently; otherwise you won't come to an end. 68. Physicists are highly qualified scientists. 69. After studying in a medical school you can become a physician. 70. Please, be sensible and don't behave like a fool! 71. A factory can produce all sorts of objects. 72. The fabric of that cloth is quite strong. 73. I feel this person is nice, really likeable. 74. I have never met anybody so sympathetic as you.

59. Verwechsle sie nicht!/Don't mix them up!

1. Wenigstens hättest du die wichtigsten unregelmäßigen Verben lernen sollen.
2. Nachdem ich 59 Minuten gewartet hatte, tauchte endlich meine Freundin auf.
3. Als der Baum halb abgeschnitten war, fiel er um.
4. Ich fühlte mich rundum glücklich, nachdem ich mein Ziel erreicht hatte.
5. Soweit ich weiß, bist du letztes Jahr nach Kanada geflogen.
6. War der Flug nach Kanada eine Flucht aus dem alten Europa?
7. Der Junge, der Äpfel gestohlen hatte, sah mich kommen und floh.
8. Lüg mich nicht an! Ich weiß, was du getan hast.
9. Wer liegt gewöhnlich in diesem Bett?
10. Mary, decke bitte den Tisch für uns.
11. Der Hund Bobby lag regelmäßig unter dem Sofa.
12. Da ich müde war, legte ich mich gestern ziemlich früh ins Bett.
13. Bobby liegt seit 8 Uhr abends hier.
14. Jetzt weiß ich, wo ich die Schallplatten hingelegt habe.
15. Großmutter hatte sich in ihren Sessel gesetzt; da klingelte das Telefon.
16. Ich hoffe, du wirst das in Ordnung bringen.
17. Die Jungen haben ihr Zelt in eurem Garten aufgeschlagen.
18. Bekanntlich soll ein Pfadfinder jeden Tag eine gute Tat vollbringen.
19. Laß die Toten in Frieden ruhen!
20. Wenn die Sonne aufgeht, erhebe ich meinen müden Körper.
21. Als der Baum auf mich fiel, fühlte ich das sehr.
22. Die Mörderbiene ist eine wirkliche Plage.
23. Die Pest wütete in Europa im 14. Jahrhundert.
24. Im Geschäftsleben war die Konkurrenz immer sehr groß.
25. Die Fachleute waren in diesem Punkt in völliger Übereinstimmung.

Lösung: 1. At least, you should have learnt the most important irregular verbs. 2. After I had waited for 59 minutes my girlfriend turned up at last. 3. When the tree was half cut, it fell down. 4. I felt completely happy having reached my aim. 5. As far as I know you flew to Canada last year. 6. Was the flight to Canada a flight out of old Europe? 7. The boy who had stolen apples saw me coming and fled. 8. Don't lie to me! I know what you did. 9. Who lies in that bed usually? 10. Mary, please lay the table for us. 11. Regularly, Bobby the dog lay under the sofa. 12. As I was tired I lay down to bed quite early yesterday. 13. Bobby has lain here since 8. p.m. 14. Now I know where I laid the discs. 15. Grandma had sat down in her armchair; then the phone rang. 16. I hope you'll set that aright. 17. The boys have set (put) up their tent in your garden. 18. Everybody knows that a boyscout is to do a good deed every day. 19. Let the dead rest in peace! 20. When the sun rises, I raise my tired body. 21. When the tree fell (up)on me I felt that strongly. 22. The killer-bee is a pest indeed. 23. The plague raged in Europe in the 14th century. 24. In business life competition was always very great. 25. The experts were in complete concurrence in this point.

60. Homonyms

Großstädter kamen an einem Feld während der Erbsenernte vorbei. Sie wollten wissen, was die Bauersleute mit den vielen Erbsen machten. Die Antwort war: "We eat what we can; and what we cannot eat we can." – Das ist ein typisches Beispiel für ein Homonym; es handelt sich um gleichlautende und gleichgeschriebene Wörter, die aber verschiedene Bedeutung haben. Im obigen Fall bedeutet das zweite *can* eindosen. Eigentlich müßte man ja von Homograph sprechen.
In den folgenden Sätzen erscheinen die betreffenden englischen Wörter zweimal, nicht unmittelbar hintereinander, und zwar in je verschiedener Bedeutung.

1. Bist du wirklich krank? In diesem Fall bist du vom Unterricht befreit.
2. Es gab einen langen Streit, welche Stadt die Hauptstadt des vereinten Deutschlands werden sollte.
3. Ich sage dir, ich werde diese Schinderei nicht für den Rest meines Lebens ertragen.
4. Rudern ist einer der vielen olympischen Wettbewerbe.
5. Manchmal scheint die Post langsamer zu sein als eine Brieftaube.
6. Man muß eine Reihe von Spielen gewinnen, bevor man ein berühmter Tennisspieler wird.
7. Benjamin Franklin soll den Schaukelstuhl erfunden haben.
8. Ich bin recht sicher, daß dies genau der richtige Posten für mich ist.
9. Laß dein Geld nicht zu Hause! Bring es zur Bank, damit es goldene Eier brütet.
10. Man kann eine Firma nicht ohne Kapital gründen.
11. In einigen ultramodernen Ställen gibt es sogar Radiomusik für die Kühe.
12. Schließ deine Habseligkeiten in einen Behälter ein.
13. Die sogenannten Hinterbänkler, die Abgeordneten in den letzten Reihen des Parlaments, sollten sich auch an den Diskussionen beteiligen.
14. Denkst du, daß mir dieses Kleid paßt?
15. Partner mit demselben persönlichen Hintergrund können ein ideales Paar bilden.
16. Die wirtschaftliche Lage in der Welt kann nicht immer stabil sein.
17. Niemand sollte die Natur mehr verschmutzen als nötig.

Lösung: 1. Are you really ill? If that's the case, you are dispensed from the lessons. 2. There was a long quarrel which city should become the capital of united Germany. 3. I tell you I won't bear that drudgery for the rest of my life. 4. Rowing is one of the many Olympic competitions. 5. Sometimes the post seems to be slower than a carrier pigeon. 6. You must win a series of matches before becoming a famous tennis player. 7. Benjamin Franklin is said to have invented the rocking chair. 8. I am pretty sure that's exactly the right post for me. 9. Don't leave your money at home! Take it to the bank to hatch golden eggs. 10. You cannot found a firm without any capital. 11. In some ultra-modern stables there is even radio music for the cows. 12. Enclose your belongings in a case. 13. The so-called back-benchers, the representatives in the last rows of Parliament, should also take part in the discussions. 14. Do you think that dress fits me? 15. Partners with the same personal background can be an ideal match. 16. The economic situation in the world cannot always be stable. 17. Nobody should soil nature more than necessary.

18. Wenn du in den Bergen kletterst, binde dich fest ans Seil.
19. Der Aufstand war ein Schlag gegen die Regierung.
20. Du mußt diesen abgefahrenen Reifen des Hinterrades wechseln.
21. So eine Friedensperiode möge immer andauern!
22. Es ist schon abenteuerlich, von einem hohen Felsen in das Meer zu tauchen.
23. Wenn es ein großes Rennen gibt, ziehen die Hüte der Damen die Blicke an.
24. Zu schnelles Fahren wird mit einer Geldstrafe belegt.
25. Ich möchte das ganz klar aussprechen: Sei fair zu mir!
26. In einem Wutanfall verprügelte der Mann seinen Sohn tüchtig.
27. Hinter dem Haus haben wir einen kleinen Garten.
28. Freundliche Personen werden von Kollegen geschätzt.
29. Der schnellste Weg, um abzunehmen, ist zu fasten.
30. Laß mir eine Stunde Ruhe; nachher werde ich meine Arbeit wiederaufnehmen.
31. In vielen Städten gibt es einmal im Jahr einen Jahrmarkt.
32. Den ganzen Abend der Rockmusik zuzuhören läßt mich müde werden.
33. Wer als letzter kommt, kann nicht beanspruchen, als erster bedient zu werden.
34. Die schwarze Rasse war wahrscheinlich die älteste Rasse von allen.
35. Beabsichtigst du wirklich, mich zu demütigen?
36. Das Schwimmen hier war anstrengend; deshalb war ich froh, endlich das gegenüberliegende Ufer zu erreichen.
37. Man braucht Übung, wenn man das Waldhorn spielt.
38. Man kann diese Art Hummeln in Deutschland finden.
39. Ich bin solche gemeine Tricks nicht gewöhnt.
40. An einem schönen Sommertag schaut alles zauberhaft aus.
41. Es ist meist das Geschäft der Mütter, Kinder aufzuziehen.

Lösung: 18. When climbing in the mountains tie yourself fast to the rope. 19. The revolt was a blow against the government. 20. You must change that bald tire of the rear wheel. 21. Such a period of peace may last forever. 22. It's quite an adventure to dive into the sea from a high rock. 23. When there is a big race, ladies' hats are eye-catchers. 24. Speeding is punished by a fine. 25. I want to make that perfectly clear: Be fair with me! 26. In a fit of rage the man gave his boy a sound thrashing. 27. At (in) the rear of the house (behind the house) we have a small garden. 28. Kind persons are appreciated by colleagues. 29. The quickest way to lose weight is fasting. 30. Let me have an hour's rest; after that I'll take up my work again. 31. In a lot of towns there is a fair once a year. 32. Listening to rock music the whole evening makes me tire. 33. Who comes last cannot claim to be served first. 34. The black race was probably the oldest race of all. 35. Do you really mean to humiliate me? 36. Swimming here was quite a strain; so I was glad to reach the opposite bank at last. 37. You need practice to blow the French horn. 38. You can find that kind of bumble-bees in Germany. 39. I am not accustomed to mean tricks like that. 40. On a fine summer day everything looks enchanting. 41. It's mostly the mothers' business to rear children.

61. Homophones

Es handelt sich um gleichlautende, aber in Schreibung und Bedeutung verschiedene Wörter. Die jeweiligen Ausspracheeinheiten erscheinen in dieser Übung zweimal unmittelbar hintereinander, manchmal im selben Satz.

1. Du brauchst nicht in gestelztem Englisch zu reden. Verwende einfache Sprache!
2. Wie bist du letztes Jahr nach China gekommen? Natürlich per Flugzeug.
3. Merke dir: Sei immer höflich!
4. Die Jungen standen barhäuptig auf dem Gipfel des Berges.
5. Wir wissen nie, ob die Wettervorhersage falsch oder richtig ist.
6. Eine wirklich schöne Dame nahm mir gegenüber Platz im Zugabteil und flehte mich an, die Fahrt für sie zu bezahlen.
7. Mein alter Wagen steht jetzt schon drei Monate zum Verkauf.
8. Es ist veraltet, mit dem Schiff über den Ozean zu fahren; man fliegt.
9. Einige Jahre sind vergangen, seit ich die Schule verlassen habe.
10. Lerne von vergangenen Fehlern und wiederhole sie nicht!
11. Rüben können eine gute Nahrung für Tiere und auch Menschen sein.
12. Wenn ein Kind schreit, schlage es nicht!
13. Ein Floh hat mich gebissen; das wird eine Schwellung geben.
14. Wenn ein Tiger dich angreift, wäre es besser, du würdest laufen und fliehen.
15. Eine starke Person wird immer einen Weg finden; eine schwache nicht.
16. Für Arbeitgeber hat die Woche sieben Tage, für Arbeitnehmer fünf.
17. Ein altes Sprichwort sagt: Wer heilt, hat recht.
18. Ihr erinnert euch an die griechische Sage: Wie verwundbar war die Ferse des Achilles?
19. Wenn du einen Teller brichst, hilft kein Leimen.
20. Bei jedem Stoppschild muß man bremsen.
21. Alle Leute auf Erden hoffen, wir werden in ein dauerndes Friedenszeitalter eintreten.
22. Warum bist du meinem Rat nicht gefolgt?

Lösung: 1. You need not talk in stilted English. Use plain language! 2. How did you get to China last year? By plane, of course. 3. Bear in mind: Be always polite! 4. The boys were standing on the summit of the mountain with bare heads. 5. We never know whether the weather forecast is right or wrong. 6. A lady, fair indeed, took a seat opposite me in the compartment of the train and implored me to pay the fare for her. 7. My old car has been for sale for three months. 8. To sail across the Atlantic is obsolete; people fly. 9. Some years passed, since I left school. 10. Learn from past mistakes and don't repeat them! 11. Beets can be good food for animals and humans as well. 12. When a child cries, don't beat it/him/her! 13. A flea bit me; that will result in a swelling. 14. When a tiger attacks you, you had better run and flee. 15. A strong person will always find a way; a weak one won't. 16. For employers the week has seven days, for employees five. 17. An old proverb says: Who heals is right. 18. You remember the Greek legend: How vulnerable was Achilles' heel? 19. When you break a dish, gluing won't help. 20. At every stop sign you have to brake. 21. All people on earth hope we'll enter into an age of permanent peace. 22. Why didn't you follow my piece of advice?

23. Um einen guten Kuchen zu backen, braucht man gutes Mehl.
24. Schau dir eine Blume genau an! Ist sie nicht ein Meisterstück?
25. Shakespeare schrieb die meisten seiner Dramen während der Regierung von Elisabeth I.
26. In Schottland sind die Leute an viel Regen gewöhnt.
27. Junge Mädchen wiegen gerne so wenig wie möglich.
28. Soldaten in entfernten Ländern wissen: Es ist ein weiter Weg nach Hause.
29. Das siebte der Zehn Gebote sagt: Du sollst nicht stehlen!
30. Ingenieure fanden heraus, daß sogar Stahl müde werden kann.
31. Vor Jahrhunderten wurden Mädchen, die nicht heiraten konnten, Nonnen.
32. Ich fühle mich in Verlegenheit: Keines von euch weiß die einfache Antwort.
33. Es ist eine Lerche; hast du gehört, wie sie sang?
34. Hier können Mengen von Eßwaren gekauft werden.
35. Ich fühlte in meinem Rückgrat einen scharfen Schmerz.
36. Kannst du bitte die vordere Scheibe des Autos reinigen? Sie ist schmutzig.
37. Ich habe kein Mitleid mit dir; du bist selbst schuld.
38. Weiß der böse Junge, wie sein Geschrei meine Ohren verletzt?
39. Die ganze Familie war glücklich und feierte Großmutters Geburtstag.
40. Der kleine Hund versteckte sich in einem Loch im Garten.
41. Seefahrende Leute wissen: Rot am Morgen - Warnung für den Seemann.
42. Der Titel eines sehr bekannten Dramas ist: »Trauer muß Elektra tragen.«
43. Im Hotel wird ein Mädchen dein Zimmer aufräumen.
44. An viele Waren ist das Schild angeheftet: »Hergestellt in Deutschland.«
45. Ein junges Mädchen sollte sich nicht anziehen wie eine Hexe.
46. Man kann nicht höher klettern als bis direkt zur Spitze der Stange.
47. In demokratischen Ländern sollten alle Erwachsenen zur Wahl gehen.

Lösung: 23. To bake a good cake you need good flour. 24. Have a close look at a flower! Isn't it a masterpiece? 25. Shakespeare wrote most of his dramas during the reign of Elizabeth I. 26. In Scotland people are accustomed to a lot of rain. 27. Young girls like to weigh as little as possible. 28. Soldiers in far-off countries know: It's a long way to go home. 29. The seventh of the Ten Commandments says: Thou shalt not steal! 30. Engineers found out that even steel can become tired. 31. Centuries ago, girls who could not marry became nuns. 32. I feel at a loss: None of you knows the simple answer. 33. It is a lark; did you hear it singing? 34. Here heaps of eatables can be bought. 35. I felt a sharp pain in my backbone. 36. Can you please clean the front pane of the car? It's dirty. 37. I have no pity for you; you are to be blamed yourself. 38. Does the bad boy know how his crying hurts my ears? 39. The whole family were happy and celebrated Grandmother's birthday. 40. The little dog hid in a hole in the garden. 41. Seefaring people know: Red in the morning - sailor's warning. 42. The title of a well-known drama is: "Mourning becomes Electra." 43. In the hotel a maid will clean up your room. 44. To a lot of goods the label is attached: "Made in Germany". 45. A young girl should not dress like a witch. 46. You can't climb higher than to the very top of the pole. 47. In democratic countries all adults ought to go to the polls.

62. Redewendungen in der Schule/Classroom phrases

1. Was ist los mit dir? Du kommst zehn Minuten zu spät.
2. Entschuldigen Sie, Frau Braun, ich zweifelte, ob ich überhaupt zur Schule gehen konnte; ich habe fürchterliches Kopfweh.
3. Ordnen wir nun die Stühle in einem Halbkreis an!
4. Ich bin kurzsichtig; darf ich ein wenig weiter vorne sitzen?
5. Hast du die Übung gemacht? Zeig sie mir!
6. Tut mir leid, ich war letzte Stunde nicht da; ich wußte nichts.
7. Wenn es Fragen gibt, hebt eure Hand!
8. Bitte, was bedeutet »premises«?
9. Wer ist nun dran? Wer war noch nicht dran?
10. Es stehen einige Fehler an der Tafel; wer findet sie?
11. Ich habe sie gefunden. Darf ich sie korrigieren?
12. Komm heraus, stell dich hierher und lies; aber nicht so leise!
13. Ich fürchte, ich kann nicht laut sprechen; ich habe eine Halsentzündung.
14. Könnt ihr mir sagen, warum dieses Wort in Schrägdruck ist?
15. Nun, der Autor will die Bedeutung hervorheben oder betonen.
16. Übersetzen wir diesen Abschnitt, aber nicht zu frei!
17. Offen gesagt, ich kapiere die Konstruktion des Satzes nicht.
18. Wer kann die Gedanken des Kapitels zusammenfassen?
19. Unsere ganze Welt schrumpft; Entfernungen vermindern sich.
20. Meldet sich niemand freiwillig? Muß ich einige von euch Faulpelzen aufrufen?
21. John, ich bin von dir sehr enttäuscht. Du hättest Besseres leisten können.
22. Mit einem solch schlechten Zeugnis gibt es eine geringe Chance für dich, daß du versetzt wirst.
23. Kein Einsagen! Denkt ihr, ich bin schwerhörig?
24. Hausaufgabe: Wiederholt alle unregelmäßigen Verben, die ihr bis jetzt gelernt habt; aber bitte gründlich!

Lösung: 1. What's the matter with you? You are ten minutes late. 2. Excuse me, Mrs Brown, I doubted if I could go to school at all; I have got a terrible headache. 3. Now let's arrange the chairs in a semicircle! 4. I am short-sighted; may I sit a bit nearer to the front? 5. Have you done your exercise? Show it to me! 6. Sorry, I was absent in the last lesson; I knew nothing. 7. If there are any questions, raise your hands! 8. Please, sir, what does "premises" mean? 9. Whose turn is it now? Who hasn't had a turn yet? 10. There are several mistakes on the blackboard; who finds them? 11. I've found them. May I correct them? 12. Come out, stand here, and read; but not so softly! 13. I'm afraid I can't speak up; I've a soar throat. 14. Can you tell me why that word is italicized? 15. Well, the author wants to stress or emphasize the meaning. 16. Let's translate that passage, but not too freely! 17. Frankly speaking, I don't get the construction of the sentence. 18. Who can summarize the ideas of the chapter? 19. Our whole world is shrinking; distances are dwindling. 20. Doesn't anybody volunteer? Must I call on some of you lazybones? 21. John, I'm very disappointed in you. You could have done better. 22. With a bad report like that there is little chance for you to be moved up. 23. No prompting! Do you think I'm hard of hearing? 24. Homework: Revise all the irregular verbs you have learnt so far; but thoroughly, please!

63. Wortbildung durch Vor- und Nachsilben/ Word formation by prefixes and suffixes

Schwierige Wörter sind numeriert und unten erklärt.

Substantiv/Vorsilben

un-	untruth, unemployment, unrest
re-	reconstruction, reconquest[1]
dis-	disorder, disadvantage[2]
mis-	mistake, misdeed[3], misfortune[4]
co-/col-/com-/con-	coeducation, collision, comfort, conviction

Substantiv/Nachsilben

-er, -or	baker, worker, teacher, employer, sailor, orator[5], actor, error, visitor
-ess	actress
-ee	addressee[6], employee, trainee[7]
-ism, -ist	egotism[8], socialism; socialist, Baptist, typist
-ation/-ition	foundation, creation, condition
-ion	passion, motion, tension[9]
-ence/-ance	difference; distance, assistance
-ry	rivalry, slavery
-(i)ty	liberty, loyalty[10], sincerity, university
-y	bakery, brewery[11], honesty, remedy[12]
-dom	freedom, kingdom
-hood	likelihood, neighbourhood, childhood
-ship	friendship
-ment	amazement[13], government, treatment
-age	courage, garage, language, luggage
-al	approval, trial, arrival
-ure	failure[14]
-ness	darkness, kindness, tiredness
-t/-th	gift, flight, weight; growth, birth, health

Adjektiv/Vorsilben

un-	unconditional, unable
in-/im-/il-/ir-	incapable[15], immodest, illegal, irregular
dis-	distinct, dishonest[16]

Adjektiv/Nachsilben

-able	reliable, countable, capable
-ible	sensible, possible
-ic(al)	classic(al), economic(al) – (-ic gehört meist zu gehobenem Wortschatz; -ical mehr zur Umgangssprache.)

---

1 Wiedereroberung, 2 Nachteil, 3 Missetat, 4 Unglück, 5 Redner, 6 Empfänger(in), 7 Auszubildender, 8 Geltungsbedürfnis, Selbstgefälligkeit, 9 Spannung, 10 Loyalität, Treue, Zuverlässigkeit, 11 Brauerei, 12 Heilmittel, Mittel, 13 Erstaunen, 14 Versagen, Fehlschlag, Mißerfolg, 15 unfähig, 16 unehrenhaft, unehrlich, unredlich

Wortbildung durch Vor- und Nachsilben/
Word formation by prefixes and suffixes

-ly	lovely, friendly
-y	healthy, bloody
-al	mortal, fatal[17], natural, official
-en	woollen, wooden
-ate	obstinate[18], fortunate[19]
-ous	mountainous, dangerous
-ive	restrictive[20], creative
-ful	awful, beautiful, joyful
-less	fearless, hopeless, wireless

Verb/Vorsilben

un-	undress, undo[21], unlock[22]
re-	recover, rebuild, readjust[23], return, refresh, recycle
mis-	misunderstand, mislead
de-	describe, destabilize[24], detain[25], depart
ad-/at-/as-/ap-	admit, attribute, assist, appoint
co-/com-/con-/col-	coexist, compose, contribute, collect
ex-	excuse, exchange
pre-	prevail[26], prescribe
pro-	propose, proceed[27]
sub-	submit[28], subscribe[29]
trans-	transfer, translate
with-	withdraw[30], withhold[31], withstand[32]
dis-	disarm, disappear, disconnect[33], discontinue[34]

Verb/Nachsilben

-en	fasten, harden, strengthen
-ate	penetrate[35], alienate[36]
-ize	sympathize, realize

---

17 tödlich, verhängnisvoll, 18 hartnäckig, 19 glücklich, vom Glück begünstigt, 20 einschränkend, 21 auflösen, losbinden, 22 aufsperren (zusperren = lock oder lock up), 23 wieder anpassen, wieder in Ordnung bringen, 24 ins Wanken bringen, 25 abhalten, zurückhalten, 26 das Übergewicht haben, überwiegen, vorherrschen, 27 weitergehen, fortschreiten, 28 unterwerfen, 29 abonnieren, 30 sich zurückziehen, 31 zurückhalten, 32 widerstehen, 33 trennen, 34 unterbrechen, einstellen, 35 durchdringen, eindringen, 36 entfremden

64. Wortvergleich Englisch - Deutsch/Word study English - German

Es gibt im Englischen viele Wörter germanischen Ursprungs, deren Wurzeln dieselben sind wie im Deutschen. Dieses Wissen kann beim Wörterlernen helfen. Freilich kann sich die Bedeutung verändert haben. Hier sollen einige Beispiele aufgeführt werden. Seltene Wörter sind numeriert und unten angegeben.

E	d	: **D**	t	drink, good, day, door, garden, breed, dull[1]
	th	:	d/t	that, thick, thin, brother, father, mother, path, loath[2], thing, third, thirst[3], booth[4]
	b	:	p	rib
	f	:	b	calf, loaf, leaf, half, wife, carve[5]
	p	:	f	ship, sheep, sleep, deep
	p	:	pf	drop, slip, pipe, apple
	t	:	z	ten, tell, town[6], mint[7], tame[8], tip[9], top[10], heart, tap
	t	:	s/ss/ß	water, great, grit[11], greet, goat[12], bit
	k	:	ch	cook, cake, book, break, speak, make, spoke[13], token[14]
	ch	:	k	chew, chest
	v	:	b	drive, love
	dg	:	k	bridge, ridge[15], edge[16]
	gh	:	ch	night, daughter, flight, knight[17], eight, light, right, weight
	ai/ay	:	ag	nail, hail[18], tail, maid, day

---

1 (toll), stumpf, 2 (leid), ungern, widerwillig, 3 Durst, 4 Bude, Kabine, 5 (kerben), schnitzen, zerlegen, 6 (Zaun; starke Bedeutungsveränderung!), 7 Minze (Pfefferminze); Münze, Münzanstalt, 8 zahm, 9 Zipfel, 10 (Zopf; Holzarbeiter nennen die Krone des Baums Zopf), 11 (Gries), Kies, rauher Sand, 12 Geiß, 13 Speiche, 14 Zeichen (gehobenes Sprachniveau gegenüber sign), 15 (Rücken), Gebirgskamm, 16 (Ecke) Schneide, Schärfe, Kante, Rand, 17 (Knecht; die Bedeutung hat sich stark verschoben), Ritter, 18 Hagel

Der əu ausgesprochene Laut entspricht im Deutschen sehr oft einem ei: bone, spoke, token.

---

65. Aussprache/Pronunciation (Accent)

Hier werden nur einige Hinweise für häufiger auftretende Fälle gegeben. Wer sich umfassend informieren will, nehme eine ausführliche Grammatik oder eine spezifische Aussprachelehre zur Hand oder sehe jeweils im Wörterbuch nach.

1. Geschlossene und offene Silbe
In geschlossener Silbe (die Silbe endet auf einen Mitlaut!) wird der einfache Selbstlaut kurz ausgesprochen:

[æ] plan, ham, hat, cap
[ɔ] hot, holly, hop
[ʌ] fun, but, hut
[i] win, bit, hid
[e] let, get, beg

Aussprache/Pronunciation (Accent)

In betonter, offener Silbe (die Silbe endet auf einen Selbstlaut!) wird ausgesprochen wie im Alphabet. Diese Regel gilt auch bei Wörtern, die auf stummes e endigen:

[ei] plane, came, rate
[əu] go, hole, hope
[ju] human, music
[ai] wine, bite, hide
[i:] we, delete (ausstreichen)

2. Stumme Buchstaben

am Wortanfang
h: hour, honour
k: knife, knight, know
p: psychology
w: who, whole, wrong

am Wortende
b: thumb, lamb, climb
gh: high, through, plough [plau] (Pflug)
n: autumn, solemn (feierlich)

im Wortinnern
b: debt, doubt
c: Leicester [lestə], muscle, science, indictment (Anklage)
d: Wednesday, handkerchief, sandwich
g: reign, sign, foreign
gh: light, brought
h: Thames, Anthony
l: walk, half, could
p: receipt [risi:t], cupboard
s: isle, island
t: listen, whistle, Christmas
w: two, answer
i: business, medicine, fruit, juice, suit
o: wound
a: abroad
e: evening, every, interested, several, literature

3. Besondere Schwierigkeiten
tear (Tränen) - to tear (zerreißen), weight (Gewicht) - height (Höhe), woman - women; signature, pleasure, measure, treasure (Schatz), leisure (freie Zeit, Muße); ancient, vegetables, comfortable
to receive, to seize, jealous, he ate, he says, he said, gross (schwer, grob, Brutto), frontier, blood, to bury (begraben), species, ache (Weh), issue (Ausgabe, Erlaß, Streitfrage, Ausgang), forehead (Stirne), key (Schlüssel), quay (Kai)

Unterschied
breath - to breathe
cloth - clothes
coast - cost
major - mayor
sweat - sweet
wander - wonder
want - won't
nation - national
nature - natural
to create - creature

4. Betonung
addréss, (to) cómment, cólleague, cólonel, súrface, álibi, catástrophe [kə'tæstrəfi], idéa, towárd(s), enginéer, techníque

66. Schreibung/Spelling

Verdoppelung: run - running, stop - stopping - stopped, admit - admitting - admitted. Hinter kurzem, betontem Selbstlaut in geschlossener Silbe wird der Mitlaut verdoppelt; das gilt auch für folgende Wörter (die einen zweiten Nebenton haben): handicapped, kidnapped, worshipped. Aber: come - coming, develop - developing. r wird auch nach langem Selbstlaut verdoppelt, wenn die Silbe vor dem r betont ist: refér - reférring; aber: óffer - óffering; nach obiger Regel: interfere - interfering; l wird immer verdoppelt: control - controlling.

Doppel-l wird in Zusammensetzung zu einfachem l: full - wonderful, fill - fulfil, till - until, all - always.

Stummes e fällt weg: live - living - lived, large - larger - largest.
y wird nach Mitlaut zu i: I carry - he carries, easy - easier, lady - ladies; y nach Selbstlaut bleibt: I play - he plays, boy - boys.

Unterschiede in der Schreibweise:

britisch	*amerikanisch*
favour, labour, honour	favor, labor, honor
traveller, woollen	traveler, woolen
centre, theatre	center, theater
enclose, enquiry (Anfrage)	inclose, inquiry

1. Heute ist es viel heißer als gestern.
2. Wir schwammen über den Fluß; dann wußten wir nicht, wie wir zurückkommen konnten.
3. Die Jungen nahmen ihre Fahrräder; dann ging es los wie der Teufel.
4. Sie rasten nach Christchurch; dort wollten sie ihre Freunde treffen.
5. Wer ist draußen? Ich wüßte gerne, wessen Rad immer vor meiner Türe steht.
6. Würdest du nicht gerne mit mir in die Vereinigten Staaten fliegen?
7. Es ist schrecklich warm heute, nicht wahr?
8. Dein Wagen ist wirklich außerordentlich; seine Farbe ist lichtblau.
9. Auf diesem Gebiet kann ich mit dir nicht wetteifern.
10. Würdest du mir bitte deine Adresse geben, damit ich dir schreiben kann.
11. Bald entwickelte sich städtisches Leben in der neugegründeten Stadt.
12. Wenn du zu einer Reise aufbrichst, bereite alles genauestens vor!
13. Die Türe geht nicht; ich muß sie reparieren lassen.

Lösung: 1. Today it's much hotter *than* yesterday. 2. We swam across the river; *then* we didn't know how to get back. 3. The boys took *their* bikes, and off they went like hell. 4. They raced to Christchurch; they wanted to meet *their* friends *there*. 5. *Who's* outside? I wonder *whose* bike always stands in front of my door. 6. Wouldn't you like to fly to the *States* with me? 7. *It's* terribly warm today, isn't it? 8. Your car is extraordinary indeed; *its* colour is light blue. 9. In this field I *cannot* compete with you. 10. Would you please give me your *address* so that I can write to you? 11. Soon urban life *developed* in the newly founded town. 12. When setting out for a journey *prepare* everything minutely! 13. The door doesn't work; I must get it *repaired*.

14. Die Karriere einiger meiner Kollegen ist recht beachtlich.
15. All diese Busse gehören zum örtlichen Verkehrssystem.
16. Die Boden- und Naturschätze unseres Planeten können in einigen Jahrzehnten schwinden.
17. Diese Ausstellung ist ziemlich enttäuschend.
18. Wohin verschwand unser Hund so plötzlich?
19. Alle meine Kameraden waren hier; wir waren zusammen fast 30 Personen
20. Bitte warte auf mich, bis ich das Büro verlasse.
21. Wenn du dein Ziel nicht erreichst, gibt es immer noch einen Tag für einen weiteren Versuch.
22. Als ich hier ankam, wurde ich herzlich empfangen.
23. Ich war voller Freude nach einem kurzen Blick in das Buch.
24. Jeder hat seine Pflichten so gut zu erfüllen, wie er kann.
25. Gnädige Frau, darf ich Ihnen meinen Freund Jack vorstellen?
26. Der Beweis für den Pudding besteht darin, daß man ihn ißt.
27. Ich kann beweisen, daß, was ich gesagt habe, wahr ist.
28. Glauben Sie mir bitte, ich wollte Ihnen keinen Schaden tun.
29. Der Glaube an einen guten und gerechten Gott ist natürlich.
30. Ich denke, man kann die Straße hier sicher überqueren.
31. Wenn du heiraten willst, würdest du besser eine Menge Geld sparen.
32. Leben und leben lassen ist eine sehr menschenfreundliche Haltung.
33. Ich dachte, mein Leben und das Leben anderer Passagiere sei in Gefahr.
34. Meine Frau und die Frauen einiger Kollegen von mir machten einen Ausflug.
35. Du kannst dir selbst helfen; die meisten Leute können sich in schlimmen Lagen nicht selbst helfen.
36. Das Komitee beschloß, die Umweltverschmutzung müsse sofort beendet werden.
37. Sprichst du das Wort richtig aus? Die Aussprache ist nämlich schwer.

Lösung: 14. The *career* of some of my *colleagues* is quite remarkable. 15. All these *buses* are part of the local traffic system. 16. The *resources* of our planet may be dwindling within a couple of decades. 17. This exhibition is rather *disappointing.* 18. Where did our dog *disappear* (to) suddenly? 19. All my *comrades* were here; we were together almost 30 persons. 20. Please wait for me, *till (until)* I leave the office. 21. If you don't reach your aim, there'll be always *another* day for *another* trial. 22. On arriving here I got a hearty *welcome.* 23. I was *full* of joy after a glimpse into the book. 24. Everybody has to *fulfil* his duties as best he can. 25. *Madam,* may I introduce my friend Jack to you? 26. The *proof* of the pudding is in the eating. 27. I can *prove* that what I said is true. 28. *Believe* me please, I didn't want to do you any harm. 29. The *belief* in a good and just God is natural. 30. I think it's *safe* to cross the street here. 31. If you want to marry you had better *save* a lot of money. 32. *To live* and to let *live* is a very humane attitude. 33. I thought my *life* and other passengers' *lives* were in danger. 34. My *wife* and the *wives* of some colleagues of mine went on a trip. 35. You can help *yourself;* most people can't help *themselves* in bad situations. 36. The *committee* decreed environment pollution had to be *stopped* at once. 37. Do you *pronounce* the word correctly? The *pronunciation* is difficult, that is.

67. Ableitungen von lateinischen Verben/Derivatives from Latin verbs

Versuche zunächst selbst, 5 Wörter zu finden, die von den folgenden lateinischen Verben abgeleitet sind. Es werden Infinitiv und Partizip II angegeben. Wenn das Partizip II im Lateinischen nicht belegt ist, steht es in Klammern. Mancher Wortstamm ist im Laufe von Jahrhunderten stark abgeändert worden, vor allem, wenn das betreffende Wort über das Französische ins Englische gekommen ist. Selten vorkommende Wörter sind wieder fortlaufend mit Ziffern versehen. Die Erklärung folgt anschließend.

1. agere - actum treiben, tun, handeln
2. cadere - (casum) fallen
3. caedere - caesum schneiden, fällen
4. capere - captum fangen, fassen
5. cedere - cessum gehen
6. ducere - ductum führen
7. facere - factum machen, tun
8. ferre - latum tragen
9. formare - formatum bilden, formen
10. legere - lectum sammeln, lesen
11. mittere - missum schicken
12. movere - motum bewegen
13. nasci - (natus - Sonderfall: Deponens!) geboren werden, entstehen
14. ponere - positum setzen, stellen, legen
15. portare - portatum tragen
16. regere - rectum lenken, leiten
17. sequi - (secutus - Sonderfall: Deponens!) folgen
18. spectare - spectatum schauen
19. stare - (statum) stehen
20. struere - structum schichten, bauen
21. tangere - tactum berühren
22. trahere - tractum ziehen
23. venire - ventum ankommen

1. agent, agency, to agitate[1], act, action, active, actor, actress, actual, to enact[2], exact, reaction, transaction, exam, examine
2. case, casual[3], casualties[4], (to) decay[5], chance, accident, incident[6], coincidence[7], occasion, occident
3. concise[8], precise, precision, to decide, decision, suicide[9]
4. capable, caption[10], captivity, case[11], to accept, to conceive[12], conception, to deceive[13], deception, except, municipal[14], to perceive[15], perception, to receive, receipt[16], reception

---

1 aufregen, aufwiegeln, 2 verfügen, verordnen, aufführen (Theater), 3 zufällig, 4 Gefallene (im Krieg), 5 verfallen; Verfall, 6 Vorfall, 7 Zusammentreffen, 8 knapp, bündig, 9 Selbstmord, 10 Bildunterschrift, 11 Behälter, 12 sich (etwas) vorstellen, 13 täuschen, 14 städtisch, gemeindlich, 15 wahrnehmen, 16 Quittung, Empfangsbestätigung

5. cession[17], to concede[18], to cease[19], accessories[20], ancestor[21], ancient, to decease[22], excessive, predecessor[23], to proceed[24], process[25], recession, to succeed, success, secession[26], necessary
6. duke, conduct, to deduce[27], to educate, to introduce, to produce, product(ion), to reduce, reduction, to seduce[28]
7. fact, factory, faculty[29], fashion(able), feat[30], (to) defeat, feature[31], to face[32], surface, (to) fit, outfit, affair, affection[33], defect, difficult, effect(ive), to infect, magnificent, perfect(ion), sufficient[34], deficit, proficient[35], (to) manufacture, to edify[36], edifice[37], to satisfy, to identify, to simplify, feasible[38]
8. fertile, to fertilize[39], conference, to differ, different, difference, to offer, to prefer, to refer (to), ref(eree), (to) transfer, to interfere[40], to relate, relation, relative, to translate
9. form, formation, to inform, information, formal, to conform[41], to perform[42], performance, reform, to transform, to formulate, uniform
10. legible, legend, lecture, lesson, to collect, collective, collection, colleague, college, diligent[43], to elect, election, intellect, intelligent, to select[44], selection
11. mission, message, messenger, to admit[45], admission, to commit[46], to dismiss[47], to permit, permission, (to) promise, to submit[48], to transmit, transmission
12. to move, movement, movie(s), mob, mobile, motion[49], motel, motive, emotion, to promote[50], to remove, remote[51]
13. nation, national, native, naive, to nationalize, to naturalize[52], innate[53], cognate[54]

---

17 Abtretung, 18 zugestehen, einräumen, 19 aufhören, einstellen, 20 zusätzliche Dinge, Beigaben, 21 Vorfahr, Ahn(herr), 22 hinscheiden, 23 Vorgänger, 24 fortschreiten, 25 (das) Fortschreiten, Vorgang, 26 Abspaltung, Trennung, 27 herleiten, folgern, 28 verführen, 29 Fähigkeit, Gabe, 30 Tat, 31 charakteristisches Merkmal, journalistische Mischform, Gesichtszug, 32 gegenüberstehen, Trotz bieten, 33 Zuneigung, Liebe, 34 genügend, 35 tüchtig, 36 erbauen, 37 Gebäude, 38 machbar, durchführbar, 39 düngen, 40 dazwischentreten, eingreifen, sich einmischen, 41 (sich) angleichen, 42 vollziehen, aufführen (Theater), 43 fleißig, 44 auswählen, 45 zugeben, 46 übergeben, begehen (Verbrechen), 47 fortschicken, entlassen, 48 unterwerfen, 49 Bewegung, Antrag (Parlament), Stuhlgang, 50 befördern, in die nächsthöhere Klasse versetzen, 51 entfernt, 52 einbürgern, 53 angeboren, 54 verwandt, Verwandter

14. position, positive, to compose, component[55], to dispose, disposal[56], post (office), to pose[57], exposition, opponent, to oppose, opposite, opposition, to postpone[58], to propose, proposal, to suppose
15. porter, portable, (to) export, (to) import, (to) transport, important, (to) support, (to) report, sport (von disport oneself = sich belustigen, sich vergnügen)
16. regent, region, royal[59], to regulate, (to) correct, direct(ion), directory[60], (to) address, to erect, source, resources[61], (to) rule
17. sequence[62], consequence, to execute, executive, second(ary), to persecute[63], to prosecute[64], prosecutor[65], to suit, suitable, social, society, to associate, association, sociable[66]
18. spectacle(s), specs, spectator, aspect, to expect, expectation, prospect, (to) respect, to suspect[67], suspicion[68], specific, special, to despise[69]
19. stable[70], stability, state, statement, station, statue, status, circumstance, stance[71], constant, obstacle[72], instant(ly), distant, estate[73], substance, statute
20. structure, structural, to construct, destruction, to destroy, to instruct, industry, industrious, instrument
21. tangible, tact, (to) contact, contagious[74], intact, integrity, to integrate, entire[75], (to) touch
22. extract, do distract, distraction, tractor, subtraction, abstract, train, to treat, treatment
23. advent, adventure, convenient[76], eventual(ly)[77], to invent, invention, to prevent[78], preventive, to intervene[79]

---

55 Bestandteil, 56 Anordnung, Verfügung, Erledigung, Beseitigung (z.B. von Unrat), 57 posieren, 58 verschieben, 59 königlich (übers Französische), 60 Telefonbuch, Adreßbuch, Branchenverzeichnis, 61 Hilfsquellen, Hilfsmittel, Bodenschätze, 62 Ablauf, Reihenfolge, 63 verfolgen, 64 gerichtlich verfolgen, 65 Staatsanwalt, 66 umgänglich, gesellig, 67 argwöhnen, 68 Argwohn, 69 verachten, 70 Stall, stabil, 71 Stellung, Haltung, Einstellung, 72 Hindernis, 73 Landbesitz, Grundstück, 74 ansteckend, 75 ganz, gänzlich, 76 günstig, passend, 77 schließlich, 78 verhüten, hindern, zuvorkommen, 79 eingreifen, einschreiten

68. Wörter und ihre Geschichte/Words and their histories

Die Wissenschaft, die sich mit Ursprung und Geschichte von Wörtern befaßt, heißt Etymologie. Wörter können selber ihre Geschichte erzählen; sie sagen uns etwas über ihre Herkunft. Das kann mitunter ein aufregendes Abenteuer sein, aber auch eine recht wertvolle Gedächtnisstütze.

(to) address (Anrede, Ansprache, Anschrift; anreden): Im Deutschen wird bloß ein d geschrieben; dabei ist das engl. zweite d etymologisch richtig. Das Wort kommt vom vulgärlateinischen (spätlateinischen) ad-directionare = in eine Richtung schicken.

to agree (zustimmen, einverstanden sein, vereinbaren): Kommt aus dem Lateinischen ad gratum = »zum Belieben« über das Französische.

to allow (erlauben, gestatten) ist ebenso übers Französische gleich aus zwei lat. Wurzeln zusammengewachsen: allocare = hinstellen und allaudare = »zuloben«. Mit dem deutschen erlauben hat es nichts zu tun, auch wenn es diese Bedeutung hat und fast genauso klingt! Über das lat. locus = Ort ist es verwandt mit engl. lieutenant < lat. locum tenens = Stellvertreter und mit couch < collocatio = »Hinlegung«; siehe franz. couchette = Liegewagen.

bicycle, abgekürzt bike oder cycle, ist lat.-griech. Ursprungs: bi = zwei, kyklos = Rad; to recycle heißt also wörtlich: in den Kreislauf zurückbringen. Der indogermanische Stamm kwel (verwandt mit deutsch Hals!) entwickelt sich im Englischen zu wheel = Rad.

to bless (segnen) stammt aus dem Angelsächsischen und heißt ursprünglich: mit Blut (blood) weihen.

(to) boycott geht zurück auf Captain James Boycott, der sich durch üble Handlungsweise als Grundbesitzer und Verwalter bis 1880 den Haß seiner Nachbarn und Bekannten so zugezogen hatte, daß er von ihnen gemieden und geächtet wurde.

bye-bye ist umgangssprachlich (fast kindlich), entstanden aus Goodby(e), das einmal hieß: God be with ye (früher hieß es ye statt you).

cattle (Vieh; ein Stück Vieh: a piece of cattle) stammt vom lat. capital = Kapital, »Hauptbesitz«. Der Wortstamm von Vieh findet sich in engl. fee = Gebühr.

city (Stadt) stammt aus der gleichen Wurzel wie citizen (Bürger) und civil (staatlich, bürgerlich, zivil, höflich) und kommt von lat. civis = Bürger, civitas = Bürgerschaft.

computer heißt wörtlich Zusammenrechner und ist eine Neubildung aus lat. computare = zusammenrechnen. Dieselbe Wurzel steckt in to count, das sich übers franz. compter = rechnen entwickelt hat; ital. conto = Rechnung.

enemy (Feind) geht ebenso übers Französische und stammt vom lat. inimicus; dieses Wort drückt das Gegenteil von amicus = Freund aus. Der Stamm ist besonders gut zu erkennen in lat. amare = lieben (ursprüngl. Babysprache: am-am!); daher die Neubildung amorous = verliebt.

Wörter und ihre Geschichte/Words and their histories

to enhance (vergrößern, steigern, heben) geht übers Französische auf lat. altus = hoch zurück; verwandt mit Hausse (Steigen der Aktien).

fridge (Kühlschrank): Abkürzung von refrigerator, welches eine Neubildung direkt aus dem lat. frigidus = kalt ist.

government (Regierung) leitet sich übers Französische und Lateinische aus dem Griechischen ab: kybernein = steuern; daher kommt das deutsche Wort Kybernetik, das sich im Englischen cybernetics schreibt.

harvest (Ernte): Derselbe Stamm findet sich im deutschen Wort Herbst. Wie sich die Bedeutung auseinanderentwickelt hat, liegt auf der Hand: im Engl. wird die Tätigkeit, im Deutschen die entsprechende Zeit benannt.

guest (Gast): Die indogerm. Wurzel heißt ghost (hat mit engl. ghost = Geist nichts zu tun!); daraus entwickelt sich im Englischen auch host = Gastgeber; lat. hostis = Feind (!); daraus im Englischen hostile = feindlich und hostility.

journey - journalist: Die beiden Wörter haben dieselbe Wurzel, nämlich lat. dies = Tag; aus dem lat. Adjektiv diurnus wird im Italienischen giorno = Tag und giornale = Tageszeitung; franz. jour und journal; daneben journée = »Inhalt eines Tages«. So hieß journey ursprünglich Tagesreise, und der Journalist berichtet über die Ereignisse des Tages.

lady geht auf das Angelsächsische zurück: hlaf-dige = Teigkneterin; sie war also verantwortlich für den Nachschub an Brot oder überhaupt Nahrung; ihr Mann war der hlaf-ward = Brotwart. Der hängte den Brotkorb für das Gesinde nach Bedarf höher oder tiefer; loaf = Laib Brot und dough = Teig haben sich erhalten.

movie(s) (Kino) entstand aus moving pictures = sich bewegende Bilder.

o.k.: Die Bedeutung dieser Abkürzung ist seit langem umstritten; am wahrscheinlichsten ist, daß es sich um eine Abkürzung von falsch geschriebenem all correct handelt. Man hat sich eben nach der Aussprache gerichtet.

parliament: Alte Frage, die niemand beantworten kann: Woher kommt das i? Es ist nicht zu erklären. Das Wort ist übernommen aus dem franz. parlement, das von franz. parler = sprechen kommt; dieses geht zurück auf vulgärlat. parabolare = reden.

politics - policeman: Beide Wörter gehen auf griech. polis = Stadt, Bürgerschaft zurück.

pram (Kinderwagen) ist eine Zusammenziehung von perambulator; lat. per = durch, weiter, ambulare = gehen, spazierengehen.

Wörter und ihre Geschichte/Words and their histories

sandwich (belegtes Brot) geht zurück auf den Earl of Sandwich (1718-1792), der sich solche Doppelbrote mit Fleischscheiben dazwischen an den Spieltisch bringen ließ, um ohne Unterbrechung weiterspielen zu können. Sandwich ist ein Ort in Kent, südöstliches England.

sir/Sir kommt ebenfalls übers Franz. aus dem Lat.: senior = der Alte. Im Engl. ist es auch ein Adelstitel. (Er hat vor dem Vornamen zu stehen: Sir Winston Churchill.) Das franz. monsieur heißt eigentlich mein Herr; ebenso madame (engl. madam) ursprünglich: meine Dame.

snob (schwer zu übersetzen; wohl ein Protz mit einem Schuß gemeiner Gesinnung): Die Herkunft ist nicht klar. Am wahrscheinlichsten ist, daß es von der Abkürzung s.nob. kommt. In den englischen Grammar Schools der frühen Neuzeit studierten fast nur Adlige; ein Nichtadliger bekam in den Schülerbögen den Zusatz s.nob. = sine nobilitate = ohne Adel.

sport ist eine Kürzung aus dem engl. to disport = sich vergnügen und geht, wie bereits dargelegt, auf das lat. Verb portare = tragen zurück.

Soccer ist eine Verstümmelung des langen Doppelwortes Association Football, was eben europäischen Fußball bedeutet - im Gegensatz zum American Football.

to starve (verhungern): Ein klassisches Beispiel für eine Bedeutungsverengung; es ist derselbe Wortstamm wie in Deutsch sterben.

stove (Ofen, Herd) entspricht etymologisch dem deutschen Wort Stube; wieder eine Bedeutungsänderung!

to travel - travail (reisen, Reise - Schwerarbeit, Mühe): Beide Wörter gehen übers franz. travail auf das vulgärlat. tripaliare (mit einem dreizackigen Stachel antreiben) zurück. Reisen war also früher durchaus kein Vergnügen, eher eine Marter. Das Wort travail ist im Englischen fast ausgestorben.

Tuesday - Wednesday: In Tuesday steckt der germanische Gott Tiwes/Tues/Ziu, der mit dem römischen Kriegsgott Mars gleichgesetzt wurde; Wednesday ist der Tag des Wodan (wie Friday der Tag der Göttin Frigg/Freia ist).

war (Krieg) stammt aus derselben Wurzel wie deutsch wirren, verwirren, Wirrnis; bedeutet also ursprünglich ein Durcheinander; derselbe Stamm ist im spanischen guerra = Krieg, guerrilla = Kleinkrieg, guerrillero = Kämpfer in einem Kleinkrieg.

Für den Englischunterricht

Detlef und Margaret von Ziegésar

Einführung von Grammatik im Englischunterricht

Materialien und Modelle

224 Seiten, Pbck. DM 30,– ISBN 3-431-03166-8

Dieses praxisorientierte Buch stellt eine speziell für die Ersteinführung von Grammatikstrukturen entwickelte Arbeitsweise vor, mit deren Hilfe die wichtigsten grammatischen Strukturen der englischen Sprache kommunikativ eingeführt werden können. Die Arbeitsweise eignet sich sowohl für Haupt- und Realschulen als auch für die Sekundarstufe I der Gymnasien.
Für jede der in dem Buch behandelten 50 Strukturen liegt ein methodisch-didaktisch und sprachlich detailliert ausgearbeitetes Unterrichtsmodell vor, das entweder direkt für den Unterricht übernommen oder den individuellen Bedürfnissen der Lernenden angepaßt werden kann. Da die gängige Strukturenprogression eingehalten wird, stellt das Buch eine geeignete Ergänzung zu jedem Lehrwerk dar und ist sowohl zur Einführung als auch zur Grammatikwiederholung äußerst wirkungsvoll einzusetzen.

Klaus Balik – Erhard Dietl

english training

Hilfen für den Englischunterricht

Übungen: 64 Seiten, zahlr. Abb., geh. DM 12,– ISBN 3-431-02704-0
Lösungen: 64 Seiten, zahlr. Abb., geh. DM 16,– ISBN 3-431-02709-1

Das Arbeitsheft ist bestimmt für Englischanfänger . Es enthält eine Fülle von Übungsaufgaben, die unabhängig von einem bestimmten Lehrbuch eingesetzt werden können. Das Lösungsheft enthält sämtliche Lösungen sowie einige zusätzliche Übungen.

Gertrud Walter

Kompendium Didaktik Englisch

140 Seiten, Pbck. DM 22,– ISBN 3-431-02308-8

Preisänderungen vorbehalten

Ehrenwirth Verlag München

DEUTSCH Training

Hilfen für den Deutschunterricht

Diese erfolgreichen Hilfen für den Deutschunterricht (alle Arbeitshefte im Format DIN A4, z. T. mit eigenem Lösungsheft) eignen sich hervorragend für die häusliche Arbeit und für den Nachhilfeunterricht.

Rudolf Schwarz
Das ABC des Erzählaufsatzes
3./4. Jahrgangsstufe.

Übungen + Lösungen:
2. Auflage. 134 Seiten. Pbck. DM 19,–.
Best.-Nr. 02939-6.

Alle Regeln für einen richtig aufgebauten Aufsatz werden zunächst erklärt, dann durch Beispiele veranschaulicht und durch Aufgaben vertieft.
In der übersichtlichen und logisch aufgebauten Ausarbeitung, die durch originelle Graphiken aufgelockert ist, werden auch die wichtigsten grammatischen Regeln berücksichtigt. Leistungsstand kann vom Schüler selbst getestet werden.

Auch zur Wiederholung in der 5. und 6. Jahrgangsstufe.

Gisela Meyer-Berkhout
Wortlehre

Übungen I
12. Auflage. 64 Seiten. Geh. DM 13,–.
Best.-Nr. 01463-1.

Übungen II
8. Auflage. 64 Seiten. Geh. DM 13,–.
Best.-Nr. 01464-X.

Lösungen
7. Auflage. 128 Seiten. Pbck. DM 15,–.
Best.-Nr. 01465-8.

Hans Lobentanzer
Satzlehre

Übungen
15. Auflage. 72 Seiten. Geh. DM 13,–.
Best.-Nr. 01466-6.

Lösungen
9. Auflage. 72 Seiten. Geh. DM 15,–.
Best.-Nr. 01467-4.

Das „Deutsch-Training“ kompakt in einem Sammelband

Lobentanzer – Meyer-Berkhout – Prehn
DEUTSCH-TRAINING
Rechtschreiben – Wortlehre – Satzlehre – Zeichensetzung – Verfassen von Texten

Arbeitsbuch mit Lösungen
3. Auflage, 256 Seiten. Geb. DM 36,–.
Best.-Nr. 02941-8.

Hans Lobentanzer
Verfassen von Texten

Übungen mit Lösungen
3. Auflage. 60 Seiten. Geh. DM 17,–.
Best.-Nr. 02979-5.

Monika Boltze
Das A & O

Rechtschreibung für Erwachsene.
Übungen und Lösungen.
Ca. 96 Seiten. Pbck. ca. DM 24,–.
Best.-Nr. 03173-0.

Elisabeth Lobentanzer
Rechtschreiben
für Hauptschulen

Übungen
48 Seiten. Geh. DM 11,–.
Best.-Nr. 02942-6.

Lösungen
48 Seiten. Geh. DM 15,–,
Best.-Nr. 02943-4,

Hans Lobentanzer
Rechtschreiben

Übungen
11. Auflage. 76 Seiten. Geh. DM 12,–.
Best.-Nr. 01924-2.

Lösungen
7. Auflage. 76 Seiten. Geh. DM 15,–.
Best.-Nr. 01950-1.

Regine Prehn
Zeichensetzung
für Hauptschulen

Übungen
5. Auflage. 56 Seiten. Geh. DM 13,–.
Best.-Nr. 01923-4.

Lösungen
2. Auflage. 56 Seiten. Geh. DM 15,–.
Best.-Nr. 01949-8.

Regine Prehn
Zeichensetzung
Übungen I
24. Auflage. 80 Seiten. Geh. DM 13,–.
Best.-Nr. 01460-7.

Übungen II
14. Auflage. 40 Seiten. Geh. DM 11,–.
Best.-Nr. 01461-5.

Lösungen
9. Auflage. 120 Seiten. Pbck. DM 15,–.
Best.-Nr. 01462-3.

Preisänderungen vorbehalten.

Ehrenwirth Verlag München